28

DAS ANDERE

NOTAS PARA UM NAUFRÁGIO

DAS ANDERE 28

Notas para um naufrágio
Appunti per un naufragio
Davide Enia

© Sellerio Editore, 2017
Publicado por acordo especial com Davide Enia
em conjunto com seus agentes designados Alferj e Prestia e
coagente The Ella Sher Literary Agency
© Editora Âyiné, 2021
Todos os direitos reservados

Tradução: Wander Melo Miranda
Preparação: Juliana Amato
Revisão: Fernanda Alvares, Luisa Tieppo
Projeto gráfico: Luísa Rabello
Imagem de capa: Julia Geiser

ISBN: 978-65-86683-72-1

Editora Âyiné
Belo Horizonte, Veneza

Direção editorial: Pedro Fonseca
Assistência editorial: Érika Nogueira Vieira, Luísa Rabello
Produção editorial: André Bezamat, Rita Davis
Conselho editorial: Simone Cristoforetti, Zuane Fabbris,
Lucas Mendes, Vladimiro Boselli

Praça Carlos Chagas, 49 – 2º andar
30170-140 Belo Horizonte – MG
+55 31 3291-4164
www.ayine.com.br
info@ayine.com.br

DAVIDE ENIA
NOTAS PARA UM NAUFRÁGIO

Tradução
Wander Melo Miranda

Âyiné

Para Silvia, meu ancoradouro.

Em Lampedusa, um pescador me disse:
— Sabe que peixe voltou? O robalo.
Depois acendeu um cigarro e o fumou em silêncio até o fim.
— E sabe por que os robalos voltaram para o mar? Sabe de que se alimentam? Isso mesmo.
Apagou o cigarro e foi embora.
Na verdade, não havia nada a acrescentar.
De Lampedusa me impressionaram as mãos calosas dos pescadores, os relatos sobre os cadáveres sistematicamente encontrados ao içar das redes — «Como assim, *sempre*?», «Sabe o que quer dizer sempre? Sempre» —, barcaças enferrujadas ao sol, talvez hoje a única forma de testemunho honesto — corrosão, pó, ferrugem — do que está ocorrendo nesse período histórico, as dúvidas dos ilhéus sobre o sentido de tudo, a palavra «desembarque» há anos usada sem propósito, pois agora eram verdadeiros resgates, com a barcaça escoltada até o porto e os coitados conduzidos ao Centro de Recuperação Temporária, e os lampedusanos que os vestiam com as próprias roupas, graças a um gesto de misericórdia que não queria refletores nem publicidade, porque fazia frio e havia que esquentar aqueles corpos.

***

A bruma distorcia o campo visual.

A linha do horizonte tremia.

Constatava pela enésima vez até que ponto me espantava a capacidade de Lampedusa desestabilizar seus hóspedes, criando neles uma fortíssima sensação de estranhamento. O céu tão perto que quase te caía em cima. A voz onipresente do vento, a luz que golpeia de todos os lados. E diante dos olhos, sempre, o mar, coroa de espinhos e alegria que circunda tudo. É uma ilha onde os elementos te caem em cima sem que nada impeça. Não há refúgios. O ambiente te perfura, atravessado pela luz e o vento. Nenhuma defesa é possível.

Tinha sido um dia interminável.

Ouvi a voz de meu pai a me chamar, enquanto o siroco me desarrumava os pensamentos.

***

Encontrei o mergulhador na casa de um amigo.

Éramos só nós dois.

A primeira, persistente sensação foi esta: era enorme.

Começou dizendo:

— Nada de gravação.

Foi sentar-se do outro lado da mesa e cruzou os braços.

Manteve-os assim o tempo todo.

— Do 3 de outubro não falo — acrescentou, terminando a frase com uma secura que não admitia réplicas.

O tom de voz foi constantemente baixo e controlado, em pleno contraste com a corpulência imponente. Às vezes, nas suas frases, pronunciadas com os sons da sua terra — nascera nas profundíssimas montanhas do Norte italiano, onde o mar não é nada mais do que uma abstração — afloravam palavras do meu dialeto, o siciliano. Os dez anos transcorridos na Sicília a trabalho tinham deixado seus traços. Por instantes, os sons do Sul se apoderavam daquele corpo gigantesco, dominando-o. Depois as réplicas se exauriam e voltava a fixar-me, com toda sua majestade de montanha do Norte.

Tinha se tornado mergulhador quase por acaso, uma possibilidade de trabalho de imediato, terminado o serviço militar.

— Nós, mergulhadores, estamos habituados com a morte, desde cedo somos apresentados a ela como um fato consumado. Repetem-nos isso desde o primeiro dia de treinamento: morre-se no mar. E é verdade. Basta um só erro quando se está imerso e se morre. Um cálculo errado e se morre. Basta exigir muito de si e se morre. Debaixo d'água a morte é nossa companheira, sempre.

Em Lampedusa era chamado de *rescue swiming*, um desses homens das patrulheiras que vestem neoprene laranja e mergulham durante as operações de socorro.

Explicou o quanto foi duro o curso de mergulhador, detendo-se na misteriosa beleza das imersões, quando o mar é tão profundo que não filtra mais a luz do sol e tudo é escuro e silencioso. Desde que estava na ilha, submetia-se a treinamentos especiais para desenvolver melhor a nova tarefa.

Disse:

— Não sou de esquerda. Ao contrário, diria que sou justo o oposto.

A sua família, antes monarquista, tornou-se fascista. Também ele se sentia próximo àquelas ideias.

Acrescentou:

— Aqui salvamos vidas. No mar toda vida é sagrada. Se alguém precisa de ajuda, nós o salvamos. Não existem cores, etnias, religiões. É a lei do mar.

De repente me olhou fixamente.

Era enorme mesmo sentado.

— E quando você salva uma criança em mar aberto e a tem nos braços...

E desatou a chorar, em silêncio.

Os braços permaneceram cruzados.

Perguntei-me o que tinha visto, o que tinha vivido, quantas mortes tinha afrontado o gigante que estava diante de mim.

Depois de um largo minuto de silêncio, as palavras voltaram à sala. Disse que aquelas pessoas não deveriam partir e que na Itália a acolhida funcionava mal, com negligência e gestões disparatadas. Depois reiterou mais uma vez o conceito:

— No mar não vale considerar qualquer outra alternativa: toda vida é sagrada e se ajuda quem precisa, *stop*.

Essa frase era mais do que um mantra. Era um verdadeiro ato de devoção.

Suas palavras eram desenroladas com lentidão, como se fossem passos numa íngreme encosta de montanha.

— O perigo maior é quando os cascos chegam muito perto. É preciso estar atento para não ficar entre eles, porque, se o mar estiver agitado, podemos ser esmagados em caso de colisão. Arrisquei a vida só uma vez: o mar tinha força oito de ondulação, eu estava n'água com as costas numa barcaça cheia de gente e vi o casco da nossa embarcação vir para cima de mim, empurrado por uma onda de sete metros. Me joguei para o lado com um movimento de cintura do qual sequer acreditava ser capaz. Os cascos bateram. Pessoas caíram n'água. Comecei a nadar para recolhê-las. Na volta da missão, tinha ainda diante dos olhos a imagem do casco que quase me pegou. Fiquei sentado na beira do cais, sozinho, alguns minutos, para tirar das costas a sensação de ter roçado a morte.

Explicou que o cenário que se encontra ante o mar aberto, logo que se alcança o ponto de onde partiu o pedido de ajuda, é sempre mutável.

— Às vezes é tudo como uma seda, eles estão quietos, o mar, tranquilo, em pouco tempo conseguimos transbordá-los para nossos barcos. Às vezes se agitam tanto que corre-se o risco de a barcaça virar durante as operações de socorro. É preciso sempre conseguir acalmá-los. Sempre. É uma prioridade. Às vezes quando chegamos a barcaça acabou de virar e há corpos espalhados por toda parte. Os africanos, justamente por um motivo físico, tendo pouquíssima massa de gordura, vêm à tona mais rápido. Trata-se então de agir o mais depressa possível. Não existe um protocolo. Decide-se ali na hora. Pode-se nadar em círculo em volta de um grupo de pessoas, com uma corda para amarrá-las juntas e puxá-las para cima. Às vezes o mar está revolto e elas afundam diante de seus olhos. Nesses casos, pode-se apenas tentar pegar o maior número possível delas.

Seguiu uma pausa longa, muito longa. Seu olhar não terminava mais na parede às minhas costas. Andava longe, num ponto do mar Mediterrâneo que nunca esquecera.

— Se você tem à frente três pessoas que estão afundando e cinco metros adiante estão se afogando uma mãe com o filho, o que faz? Aonde vai? Quem salva primeiro? Os três que estão na sua frente ou a mãe e o recém-nascido que estão ali?

Era uma pergunta desmedida.

Foi como se o tempo e o espaço tivessem voltado para trás, recompondo-lhe a cena impiedosa.

Os gritos do passado ainda soavam.

Era enorme, o mergulhador.

Parecia inquebrantável.

No entanto, por dentro, devia ser um são Sebastião atravessado por flechas lancinantes.

— O menino é muito pequeno, a mãe, muito jovem. Estão ali a cinco metros de mim. E justamente aqui na frente duas pessoas estão se afogando. Quem salvar, então, se todos estão afundando ao mesmo tempo? A quem se dirigir? O que fazer? Calcular. É tudo que se pode fazer em certas situações. A matemática. Três é mais que dois. Três vidas são uma vida a mais que duas.

E não voltou a falar.

Lá fora o céu estava nublado. Soprava o vento do sudeste, o mar estava revolto. Pensava: todas as vezes, em cada uma delas, tenho a nítida impressão de encontrar-me diante de seres humanos que trazem dentro de si um cemitério inteiro.

***

Tentei telefonar para meu tio Beppe, irmão de meu pai. Telefonávamo-nos com bastante frequência. O tio sempre perguntava: «Mas por que meu irmão não me telefona nunca?» Eu respondia: «Não telefona nem para mim, que sou seu primogênito, Beppuzzo. Ele é assim mesmo».

Tocou mais de um minuto.

Desliguei e voltei para dentro.

Jantamos atum com cebola caramelizada e salada de funcho, laranja e arenque defumado.

Éramos quatro à mesa: Paola, Melo, meu pai e eu.

Estávamos em Cala Pisana, na casa de Paola, minha amiga advogada não mais atuante e que há anos mora em Lampedusa, onde dirige com Melo, seu companheiro, o bed & breakfast que habitualmente uso como base de apoio para minhas pesquisas na ilha.

Estava expondo minhas considerações sobre aquela longuíssima jornada, conversando com Paola. Melo às vezes concordava, produzindo pequenos sons, monossílabos no máximo. Meu pai, ao contrário, não emitia som algum. Era o convidado silencioso. Paciente, o olhar dirigido aos olhos de quem falava, demonstrava uma notável capacidade de escuta, amadurecida nos quarenta e muitos anos durante os quais fora cardiologista. Convidava ao relato com a simples atitude do corpo.

Eu expunha em voz alta como tudo o que estava acontecendo em Lampedusa ia além do naufrágio, além da conta dos sobreviventes, além do número de cadáveres.

— É algo maior, a travessia do deserto e a própria travessia do Mediterrâneo, tanto que esse rochedo no meio do mar se tornou um símbolo, a um só tempo sólido e fugidio, que é estudado e contado em variadas linguagens: reportagens, documentários, narrativas, filmes, biografias, estudos pós-coloniais e pesquisas etnográficas. Lampedusa é no momento uma palavra-continente: migração, fronteira, naufrágios, solidariedade, turismo, estação estiva, marginalidade, milagres, heroísmo, desesperos, calamidade, morte, renascimento, resgate, tudo contido num único nome, numa mistura que não consegue ainda ter uma interpretação clara nem uma forma reconhecível.

Papai tinha permanecido calado o tempo todo. Seus olhos azuis eram um poço tranquilo em cujo fundo não se lia nenhum juízo.

Paola acabava de se servir do café.

— Lampedusa, palavra-continente — repetiu em voz baixa, concordando mais consigo mesma do que comigo.

Colocou açúcar no café e continuou aquela reflexão.

— E um continente, com efeito, pode conter tudo.

Pouco a pouco, com uma progressão constante, o som da sua voz aumentou, enquanto o ritmo da sua frase se fez sempre mais premente.

— E no continente Lampedusa está de fato tudo e o contrário de tudo. Olhe o Centro para onde são levados os rapazes desembarcados, lembra-se? Você viu quando voltou aqui no ano depois da Primavera Árabe.

Era o verão de 2012 e tinha perguntado a alguns meninos lampedusanos que encontrei na praia:

— Vocês nunca foram ao Centro?

Imaginava que a construção para onde levavam todos que desembarcavam em Lampedusa fosse para eles um polo de enorme atração.

— E o que temos para fazer lá? — responderam os meninos, rebatendo-me.

Estava convencido, até então, de que aquela presença tinha gerado uma curiosidade monstruosa, convertendo-se no único tema de diálogo, jogo, aventura. Uma raiz da épica.

— Me acompanham até lá? — perguntei a eles, titubeando, pressagiando a derrota.

— Nem mortos.

O Centro não os atraía, nem nunca os interessou. Somente depois de tê-lo visto, compreendi ter cometido um erro colossal: confrontei-me com os meninos segundo parâmetros adultos. Ao longo do trajeto que conduz ao

Centro havia somente pedras, moitas, muros de pedra nos quais se distinguiam ínfimos cartazes de «VENDE-SE». Única forma de vida, a algaravia de grilos. Era um lugar árido. Normal que as crianças não fossem ali, não havia a menor possibilidade de brincar. Os mitos não nascem do nada.

O Centro foi construído com uma nova planta no lugar onde havia um velho quartel do exército. Alguns barracões, uma esplanada, uma vala. Parecia em tudo e por tudo com um cárcere.

— Alguma coisa mudou no Centro nesses últimos anos? — perguntei a Paola.

— O nome. Antes se chamava Centro de Permanência Temporária, depois, Centro de Identificação e Expulsão, agora é um Centro Hot Spot, seja lá o que isso significa. Mudam os governos, trocam os nomes, mas a estrutura permanece a mesma: pode conter 250 pessoas, num regime de emergência pode chegar no máximo a 381 leitos. Esses são os números, os banheiros não aumentam, as camas também não. E em 2011 amontoaram lá dentro mais de duas mil pessoas, por dias e dias, sem que fossem informadas do que aconteceria com elas. O mundo aplaudia a Primavera Árabe e depois prendia seus atores. Era essa a melhor resposta que pudemos oferecer à demanda deles? E sabe o que se obtém com tantas pessoas enclausuradas num espaço tão apertado? Raiva. É assim que se criam as bestas e, de fato, explodiu uma revolta, com colchões queimados e uma ala incendiada.

Meu pai escutava com ar imperscrutável, mesmo que, de modo evidente, mas igualmente indecifrável, parecesse claro que guardava todos aqueles dados. Melo mordia o lábio inferior, Paola continuava a falar sem desgrudar os olhos da xícara de café.

— O Centro, pelo menos no papel, deveria ser mais que um lugar de contenção, não é? E, de fato, na cerca de arame do Centro há um buraco. Creio que remonta àqueles dias de 2011, mas não descartaria em absoluto que fosse anterior. É um buraco bem grande que funciona como respiradouro, permitindo aos rapazes sair dali, esticar as pernas e vir ao vilarejo para tentar contato com as famílias usando a internet, oferecida a eles por alguns residentes. E o que fazer diante de um garoto que lhe pede para falar com a mãe e dizer que está vivo? Você não o deixaria usar o computador?

Continuava a mexer com a colherzinha na xícara. O som do aço que batia na cerâmica escandia a cadência das palavras, como um contracampo rítmico necessário para não perder o fio, para não se entregar de corpo e alma aos gritos.

— Acredite, Davidù, ainda bem que há esse buraco. É uma porta, um modo de fazer com que não se sintam como animais em uma jaula. Entende qual é o ponto?

O Centro é uma instituição presidida pelas forças policiais, à qual não há acesso sem autorizações especiais. Nem o padre pode entrar lá. A fachada continua íntegra. Mas na cerca existe desde sempre um buraco. É um fato muito conhecido, todos sabem e ninguém intervém. E por sorte não se intervém, repito, pela enésima vez. É um exemplo concreto do quanto aqui convivem juntos emergência e hipocrisia, burocracia e solidariedade, bom senso e culto das aparências. Lampedusa é um continente de opostos, de fato.

Da janela aberta entrava na sala o fragor do mar, a água que se infla, se precipita, se quebra na areia, volta, recomeça num embate infinito. Melo, sentado na cabeceira da mesa, tinha se entregado em definitivo ao silêncio, como meu pai. Melo também falava pouquíssimo, durante todo o dia apenas um punhado de palavras, porque falar cansa e o cansaço pesa.

Paola sorveu o café lentamente e só depois de terminar recomeçou a falar.

— É a História acontecendo, Davidù. E é complexa, a História, cheia de peças desiguais, às vezes parecidas, às vezes opostas, mas todas necessárias para que aflore o projeto final. Não, espere, corrijo: não está acontecendo agora, a História. Há mais de vinte anos está acontecendo.

Começou a fumar um cigarro, o terceiro em meia hora.

— Como você mesmo teve a oportunidade de perceber esta manhã, o alcance do acontecimento se percebe imediatamente ao assistir um atraque. Mas mesmo que alguém não devesse nunca assisti-lo, que importa à História a minha, a sua, a nossa percepção? A História já está determinando o curso do mundo, traçando o futuro, modificando estruturalmente o presente. É um movimento inestancável. E, desta vez, a História está empurrando pessoas de carne e osso, de todas as idades. Partem, atravessam o mar, atracam. Lampedusa não é uma saída, é uma etapa.

Apagou o cigarro no cinzeiro, enquanto Melo se servia de um resto de cerveja. Pela janela aberta entrava na sala um outono tépido, perfumado por areia quente e salsugem.

Nos dias seguintes à Primavera Árabe houve em Lampedusa chegadas em massa. Piera, uma residente, estava em Porto Nuovo coordenando o trabalho dos guardas urbanos.

— Ainda vejo, uma cena absurda! Tinham desembarcado tantas pessoas que não se conseguia passar no porto. Estavam por toda parte, o cais estava entupido e os desembarques se sucediam um depois do outro. Uma procissão de barcaças! E baixavam delas aos milhares! Estávamos ali para dar uma ajuda, mas não estávamos de maneira alguma preparados para enfrentar números daquele tamanho. Um policial falava em francês com os recém-chegados para se posicionarem num morro para abrir espaço, enquanto do mar chegavam outras embarcações, todas abarrotadas, e não havia tempo hábil para deslocar as pessoas enquanto novas barcaças já estavam desembarcando outros rapazes. Não sei dizer quantos milhares chegaram naquela tarde, foi impossível contá-los, sete mil, oito mil, nove mil, não havia um número definido. E como se ia calcular o número? Eram mais do que os moradores de Lampedusa, isso é certo. Os que estavam no morro, logo que os barcos chegavam trazendo os parentes — mulheres, maridos, filhos — se atiravam descida abaixo para ficar perto de seus entes queridos. Uma confusão dos diabos. A polícia tentava separá-los e nós que estávamos no meio éramos empurrados de um lado e do outro. Não se entendia nada. E do mar continuavam chegando mais e mais barcos, um depois do outro. Uma frota! Nunca se viu nada parecido. Um senhor chegou com um falcão no braço. Numa outra barcaça, um rapaz tunisiano tinha trazido a própria ovelha. Uma beleza! Uma raça de ovelha que eu nunca tinha visto — espetacular! Um pelo espesso, todo encaracolado! Estupenda. No fim, porém, tivemos de abatê-la. Não podia ser de outra maneira.

Havia mais estrangeiros do que residentes em Lampedusa, mais de dez mil pessoas contra pouco mais de cinco mil ilhéus. Conviveram temor e curiosidade, desconfiança e misericórdia, os postigos ficavam fechados ou então se abriam para que se dessem camisetas e sapatos, se providenciassem carregadores elétricos para celulares e copos d'água, uma cadeira para descansar e um lugar à mesa para dividir juntos o pão. Eram pessoas de carne e osso, ali diante dos olhos, e não estatísticas lidas nos jornais ou números gritados na televisão. Assim, como numa tentativa de assistência, reutilizaram e redistribuíram lonas porque lá fora chovia e deixaram dois quilos de massa porque aquelas crianças tinham fome e não comiam havia dias.

Todos tinham sido largados sozinhos.

No ano seguinte, o Governo ostentava o dado de «zero desembarque em Lampedusa» como uma medalha de honra para colocar no peito.

— É verdade — Paola tinha me confirmado naquele verão de 2012. — Nenhuma embarcação atraca mais aqui. Nem na primavera foram vistas. E sabe por quê? As barcaças interceptadas são escoltadas até a Sicília e ali ocorrem os desembarques, longe dos refletores. E logo: zero desembarque em Lampedusa. Do ponto de vista puramente estatístico é incontroverso. Contudo, você vê? A ilha está despedaçada, em pleno vórtice midiático, carregada de contradições. As pessoas falam sempre menos e, se o fazem, é só para lamentar os problemas concretos, como a ausência de hospital, por exemplo, ou o custo da gasolina, que é a mais cara da Itália, constatando, amargamente, como toda a atenção foi sempre dada a quem chegava do mar, enquanto as dificuldades cotidianas que nós residentes sofremos parece de fato não importar para ninguém, a não ser para nós mesmos.

Havia a estação turística, o verdadeiro motor da economia deles, a ser posta em movimento.

De vez em quando, alguém lançava uma olhadela furtiva em direção ao horizonte.

— Antes ou depois, alguma coisa voltará a essas praias — dissera-me um pescador.

Aquela previsão, compartilhada por todos os residentes, cumpriu-se no ano seguinte, em 3 de outubro de 2013. Um evento além de qualquer pesadelo. Uma embarcação virou a poucas centenas de metros da costa da ilha. As águas se encheram de cadáveres e Lampedusa foi invadida por caixões e televisões. O que havia mudado nos últimos tempos, no fundo, eram somente os pequenos sinais. Os cadáveres recolhidos nas redes de pesca, por exemplo, eram devolvidos ao mar para evitar o embargo dos barcos pesqueiros pelas autoridades. As notícias sobre presumíveis afundamentos — presumíveis porque as únicas fontes eram as testemunhas orais de quem tinha viajado em barcaças gêmeas, acabavam no fim dos noticiários. Na ausência de cadáveres, era melhor que a morte permanecesse confinada em territórios que era preferível não explorar. Contudo, nos meses que precederam a tragédia, o trabalho de socorro cotidiano executado pela Guarda Costeira tinha prosseguido como sempre, as pessoas continuavam atravessando o Saara, as mulheres eram estupradas nos cárceres líbios, as barcaças e os botes de borracha eram interceptados ou então afundavam.

A História não tinha parado.

— Desde quando estão nesta casa? — perguntou meu pai a Paola e Melo, quebrando o silêncio do qual se imantara a casa. Virei-me bruscamente para ele. Um arrepio me subiu pela espinha. À primeira vista, a postura física de papai permanecia imutável: sempre sentado, braços e pernas cruzados, nenhuma ruga na testa. Mas, embaixo, era visível uma tremura no pé com que se apoiava, a calça na altura do tornozelo vibrava de maneira quase imperceptível, enquanto à altura do joelho o movimento desaparecia. Conhecia bem aquele bater do pé, conhecia-o muito bem: era um movimento também meu, que meu pé fazia quando eu estava por intuir algo.

Era o começo do arranque.

A iminente compreensão dos fatos fizera aumentar a velocidade daquele bater de pés.

Olhei para papai.

Nosso corpo falava a mesma linguagem?

Talvez ele também, quando a angústia o devorava, sentia a respiração irromper entre as costelas.

Paola tinha começado a responder, acendendo o quarto cigarro.

— O testemunho mais antigo desta casa é uma foto de 1957, que a representa como era então: uma velha fábrica de gelo desativada. A foto foi tirada por meu pai quando se apaixonou por Cala Pisana. Papai veio parar em Lampedusa porque estava perdidamente apaixonado por um posto na Líbia, onde trabalhava, próximo às escavações de Sabrata. Sempre nos falava daquela belíssima praia com coqueiros que chegavam até o mar, e desejava muito ter uma casa ali. Os conhecidos e os amigos logo o dissuadiram: «Não compre nada na Líbia, a situação política é muito complicada, não há nenhuma segurança, há risco de nacionalização de tudo e expropriação do que é seu. Além do mais, exporia você e sua família. Já que gosta dessas paisagens, vá dar uma volta em Lampedusa».

Não sei por que não tinha perguntado nada a Paola sobre o seu passado.

Frequentemente é isto que acontece: busca-se longe quando o que se deveria investigar está perto.

Paola fumava e continuava a falar com desenvoltura.

— Naquele tempo meu pai nem sabia que Lampedusa ficava na Itália, nunca tinha ouvido aquele nome. No entanto, veio à ilha e se encantou com ela.

O velho estabelecimento industrial foi a leilão por falência pública e meu pai o comprou em 8 de março de 1966, justo um ano antes do meu nascimento, ainda que naqueles nove anos, de 1957, da primeira foto, até o ano da aquisição, meu pai tenha voltado muitas vezes à ilha, ora sozinho, ora com minha mãe. Esta casa foi a primeira casa construída na ilha por um não residente. Os trabalhos de reestruturação foram concluídos em 1973. Desde então a habitamos, e também, durante os anos das reformas, continuamos a vir aqui — eu, papai, mamãe e meu irmão —, dormindo nas casas dos pescadores ou nos únicos hotéis daquele tempo, que eram pouquíssimos. Percorremos a ilha toda antes de dormir em nossa casa.

Melo enrolou um cigarro que não acendeu, deixando-o em equilíbrio na beirada da mesa, o filtro de fora, a parte com o tabaco sobre a toalha. Meu pai, a meu lado, continuava a mover o pé com o mesmo ritmo de antes.

Paola, sempre de costas para o mar, retomou o relato.

— À noite descíamos para o vilarejo, os adultos paravam para beber algo no bar, eu e meu irmão íamos brincar com os tijolinhos de asfalto, tirados das obras em curso na rua Roma. As ruas não eram asfaltadas, era tudo de terra batida, e nós construíamos nossa casinha usando aqueles tijolinhos pretos. Edificávamos a ilha. Transcorríamos o verão brincando com as outras crianças, todas lampedusanas, porque, enquanto os adultos iam à praia de Guitgia, Cala Pisana é a praia das crianças de Lampedusa, desde sempre. Além do mais, bem em frente à casa fica o rochedo Testa di Polpo. Naqueles anos comecei uma amizade com um dos meus melhores amigos, Simone, graças aos mergulhos que dávamos do rochedo.

Simone era uma referência na vida de Paola e Melo. Tinham vivido juntos muito tempo. Simone me tinha dito sem meios-termos:

— Para mim no início Paola era Paolo. Não porque tivesse o aspecto masculino, mas porque participava de todas as nossas brincadeiras masculinas. Pulávamos de cabeça das rochas e ela logo pulava de cabeça conosco. Pulávamos do Testa di Polpo e ela também pulava. Discutíamos, brigávamos e ela ali, sempre junto. Descobri que era menina quando, crescendo, por volta dos dez anos começou a tomar forma de mulher. A nossa amizade dura a vida inteira. Lembro que quando passaram a viver juntos, ela e Melo, da primeira vez que fui visitá-los em Palermo Melo só faltou dizer: «Mas o que este cara faz aqui?» Ele parecia quase um intruso, tão forte e bela era a relação de amizade entre mim e ela.

Simone me explicou também os ritos de iniciação dos meninos da ilha. Um deles acontecia justo em Cala Pisana e consistia em pular de cabeça da rocha Testa di Polpo. Idade para enfrentar a prova: seis anos. Altura da rocha:

sete largos metros. O segundo rito tinha como cenário a praia de Guitgia. Ali se devia praticar a apneia. À direita da praia crescia um banco de alga posidônia e era necessário chegar lá nadando debaixo d'água durante todo o percurso. Quando se conseguia alcançar o banco de algas em apneia, tornava-se adulto. Iniciava-se a tentativa aos nove anos. Distância da praia ao banco de algas: uns sessenta metros.

— Em Lampedusa os meninos não são crianças, são peixes — dizia Simone, rindo.

Era verdade. Ele tinha se tornado um profissional submarino. Nos últimos verões, porém, não conseguia ver Paola e Melo quase nunca. Trabalhando como instrutor, estava sempre dando voltas de barco, de manhã e à tarde. No entanto, embora não conseguissem se encontrar no verão tanto quanto desejavam, na casa dos meus amigos Simone era uma presença tangível e continuava a povoar seus relatos.

Paola deu uma longa tragada, soltou a fumaça com insistente lentidão e recomeçou a falar.

— Em 1993, meu pai se aposentou e se mudou para viver tranquilo por aqui, na sua residência. Sua vida era substancialmente esta: no verão hospedava os amigos, no inverno, fechava a casa e dava umas voltas pela Itália, hóspede deles. Trieste, Madonna di Campiglio, Cinque Terre. Meu pai morreu no final de agosto de 2002, depois de uma longa doença. Fiquei isolada com ele em Palermo. Em setembro eu e Melo voltamos à ilha. Tínhamos a ideia de transferir-nos para cá, criando um bed & breakfast para ter uma fonte de renda. Eu não podia continuar advogando em Palermo. Logo que desembarcamos, lembro perfeitamente, passamos pelo Bar dell'Amicizia, para tomar o café da manhã, e quem veio nos cumprimentar? Meu amigo Simone. Estava com uma dupla de rapazes. De repente nos pediu: «Olha, estes rapazes buscam um lugar para dormir. O que fazemos? Vocês ficam com eles?»

Eu e Melo respondemos que sim. Foi nossa primeira experiência b&b, graças a Simone. Pedimos dez mil liras de diária pelo quarto. Porém, tínhamos encontrado a casa substancialmente destruída. Depois daquele verão, voltamos somente no Natal. Mudar-se para viver em Lampedusa significava deixar tudo para trás. Foram dias plenos de reflexão. Depois aconteceu este fato — juro que é verdade. Era de manhã, estava sentada no vaso sanitário e pensava: eu vou abraçar essa escolha, mas me falta um aviso, algo que me diga «Mude para Lampedusa!». De repente, estourou o encanamento do bidê na minha frente, me molhando toda. Eu pingava. Não conseguia nem pedir ajuda a Melo, dada a força do jato. Bem. Decidi que aquilo era o sinal, era a casa que me dizia «Venha me consertar que estou morrendo». Saí do vaso pingando e disse a Melo: «Ok, a torneira quebrou. Mudemos para

Lampedusa». Voltei a Palermo sozinha, Melo continuou aqui para ajeitar a casa.

Agora que tinha sido interpelado, Melo não podia eximir-se de nos contar sua versão dos fatos. Começou expirando com força, como para se carregar antes de falar. Para alguns palermitanos, falar parece requerer tal esforço que é preciso um acurado aquecimento inicial: ar nos pulmões, sonora dilatação intercostal, mobilidade das narinas, lábios, pescoço. Depois Melo falou, mantendo sempre um tom de voz baixo — já era muito pronunciar as palavras, não podíamos pretender que o volume fosse elevado.

— Vim a Lampedusa absolutamente a rebote, para acompanhar Paola. Não tinha nenhuma atração especial pela ilha. Desde o Natal de 2002, fiquei em Lampedusa por um ano e meio. A casa estava nas últimas, era preciso arrumá-la. Encontrar aqui trabalhadores qualificados era impossível e teria custado dez vezes mais do que o dinheiro que tínhamos à disposição. Assim, fiquei para executar materialmente as primeiras obras de reestruturação. Aconteceu de utilizar coisas vindas do mar, madeira principalmente. A arquitrave sobre a cancela, por exemplo, é um desses dormentes que há nos portos e nos quais se amarram as lonas de caminhões para permitir que os navios atraquem. Alguns pranchões particularmente bonitos, vindos do mar, foram utilizados para refazer a cozinha.

Melo parecia esgotado. Tinha falado, era evidente que agora precisava de café. Paola captou o pedido, levantou-se, acendeu a chama e colocou em cima a segunda cafeteira da noite. Estava para começar a segunda rodada de café. Papai pareceu agradecido, um sorriso apenas esboçado lhe apareceu ao lado esquerdo da boca. Melo fez um segundo esforço e finalmente acendeu o cigarro que tinha deixado em equilíbrio na beirada da mesa.

Anos atrás, numa tarde em que estávamos ambos sentados no sofá diante da TV sempre ligada e sempre muda da salinha, Melo havia me contado alguns episódios de sua vida anteriores a seu encontro com Paola. Entre os muitos ofícios que desempenhou — cozinheiro, técnico da Companhia Oceanográfica e Energética Lígure, dono de restaurante —, o de capitão de barco fora o que tinha desempenhado por mais tempo e com maior felicidade. No verão em que devia levar a própria lancha das Eólias a Capri — era setembro de 1984 e estavam em três na embarcação, ele e dois amigos —, tinha lutado contra uma terrível tempestade no Tirreno, tão forte que o fez naufragar. Um naufrágio verdadeiro, o catamarã inundado foi a pique. Sua moto também estava a bordo. Ainda hoje repousa em alguma parte no fundo do mar. Melo e os dois amigos saltaram do barco apressados e furiosos, agarrando tudo o que conseguiam pegar: o bote de borracha, obviamente, uma manta para usar como vela, os coletes salva-vidas, umas latas de atum e outras de cerveja, que beberam durante o tempo que durou o naufrágio. No terror do momento, Melo pegou também as chaves da moto.

— Na verdade, confundi o chaveiro com um maço de cigarros — admitiu, rindo. — Não se entendia nada, a água entrava por baixo e por cima, pela direita e pela esquerda, o casco estava afundando e não é que eu pudesse ficar dias e mais dias sem fumar. Ao contrário...

Depois de dois dias em mar aberto, avistaram terra firme. Havia só recifes e abrolhos. Abandonaram o bote de borracha e se puseram a caminho. Era noite, ventava e eles estavam nus, molhados e empapados. Depois de uma hora, uma luz: uma instalação hoteleira. Correram e bateram à porta com ímpeto. O porteiro chegou e se viu diante desses três personagens de calção e colete salva-vidas.

— Desculpe, mas onde estamos? — perguntaram em uníssono.

— Settefrati — respondeu o porteiro.

Estavam na província de Salerno. A corrente os tinha feito viajar um longuíssimo trecho em sentido oposto.

— Aquela foi a última vez que eu e meus amigos estivemos juntos: num bote de borracha à deriva no Mediterrâneo. Desde então nunca mais nos vimos juntos — concluiu Melo, como se tomasse consciência daquele fato pela primeira vez, exatamente naquele momento.

Durante seu relato, rimos muito.

Paola tinha tirado a cafeteira do fogo, levando-a para a mesa. Serviu o café nas xicrinhas azuis de louça esmaltada. O açúcar estava no centro da mesa. Paola e Melo serviram-se do açúcar, eu e meu pai não. Podia-se ouvir no agradável silêncio vespertino a ressaca e, intermitente, o canto agudo da pega. Paola acendeu o quinto cigarro e o fumou todo. Melo pegou as xicrinhas, lavou-as na pia e voltou para a mesa. Paola estava olhando para fora, pela janela. Melo também se virou para observar o mar. O olhar dos dois se tinha fixado num ponto fixo da enseada, bastante perto da margem, a escassos vinte metros da janela.

Meu pé começou a bater fortemente.

— O que estão olhando? — Foi como se a pergunta tivesse nascido lá embaixo, do movimento da carne contra a terra. O pé do meu pai também acelerou sensivelmente o ritmo. Jogávamos no mesmo time e não éramos conscientes disso. Tínhamos o mesmo tempo, voltados ao mesmo objetivo: escutar as palavras de Paola e Melo. Era este o fim ao qual tendia a pergunta inicial de papai, que servira para preparar o terreno, abater as defesas, exercitar a voz ao nomear o passado.

Voltando a virar as costas para o mar, Paola pegou outro cigarro, acendeu e fumou olhando-o fixamente, como a buscar as palavras no volteio que a fumaça fazia partindo de suas mãos: uma espiral, um alongar-se, enfim, um desfiar-se.

— Não consigo esquecer a cena. Estava sentada na frente da televisão vendo *A ilha dos famosos*. Melo estava no escritório mexendo no computador. Em certo momento ouvimos vozes. Muitas vozes. Levanto, saio para o escuro, na chuva, e vejo um número impreciso, enorme, de pessoas que saem d'água. De repente digo a Melo: «É um desembarque». Olhamo-nos fixamente e dizemos «Vamos nos fechar lá dentro». E no exato momento em que pronunciamos essas palavras, digo: «Mas que merda estamos dizendo? Vamos ajudá-los». E saímos.

Apagou o cigarro no cinzeiro. Olhava as mãos e os dedos como se o passado estivesse ali, preso pelas unhas, não livre ainda para ir embora para sempre.

Melo retomou o relato.

— Era noite cerrada e não conseguíamos ter luz suficiente com as lanternas. Aproximei então o carro da praia, o máximo que eu podia, com os faróis acesos para iluminar o que fosse possível, de modo que essa gente se organizasse um pouco melhor. O bote havia encalhado e eles se lançavam n'água para alcançar a praia. Paola era muito melhor do que eu, porque teve uma grande presença de espírito: enquanto eu estava ajudando as pessoas a descerem do bote, ela se deu conta de um rapaz estirado de barriga para baixo na praia, com o rosto completamente imerso no mar. Lembro perfeitamente a cena: Paola se dirige para o lado direito da enseada, puxa o rapaz e tira sua cabeça da água. Creio que lhe salvou a vida.

Melo não modificou o tom da própria voz. Continuou a falar como teria feito se precisasse nos descrever a rota de navegação de Palermo a Ustica.

— Naquele tempo, os que chegavam a Lampedusa executavam uma manobra estranhíssima que não fazem mais. Quando chegavam pelos próprios meios, logo desmontavam o motor de fora do bote — desmonta-se rapidamente desenroscando as ruelas — e o jogavam n'água para que se tornasse inutilizável. Explicaram que agiam assim aterrorizados com a possibilidade de alguém ordenar: «Voltem para dentro de onde saíram». Naquela noite vi executarem exatamente essa ação. Fiquei muito impressionado, ninguém os teria feito voltar, ainda mais naquelas condições. Estavam aterrorizados de verdade. Logo depois, procuraram coisas no bote, talvez os documentos, talvez dinheiro, quem sabe o quê — não havia luz, não se via quase nada e tudo era muito confuso. Voltando à praia, me dei conta de que muitos haviam trocado de roupa imediatamente. Não me lembro de velhos. Com certeza havia crianças, jovens e adultos. Havia também um menino minúsculo. Estava num berço improvisado que tínhamos tirado do bote e levado para a margem.

Melo apontou o pátio da casa, que se achava exatamente às minhas costas e de papai.

— Nenhum deles quis entrar. Permaneceram no pátio, apesar dos nossos convites. Não fazia frio, estar fora ou dentro era quase a mesma coisa. Saqueamos a despensa, porque estavam famintos. Sedentos, mais do que tudo. Também demos a eles algumas roupas, paletós, mantas e toalhas para se enxugarem.

Paola estava imersa no mudo confronto travado com as próprias mãos. Engatou nas últimas palavras de Melo.

— Não quiseram entrar porque estavam molhados e sujos. Não queriam atrapalhar. Enquanto se enxugavam e comiam e bebiam no pátio, telefonei para a Capitania para avisá-los. Podiam ser uns quarenta... quarenta e quatro, quarenta e cinco... aquele era o número normal que ocupava um bote naquele tempo. Esperamos não sei quanto — meia hora, uma hora —, depois vieram pegá-los. E chega.

A história parecia terminada, mas Paola continuava a hesitar com o olhar no pátio.

— Nunca mais revi esses rapazes.

Tinha cruzado os dedos. As mãos, agora apoiadas na mesa, pareciam sustentá-la.

— Vocês têm consciência do que está acontecendo? — perguntou meu pai. Seu pé tinha ficado imóvel.

Foi Melo que respondeu.

— Tomamos consciência de que também nós podíamos nos dar conta — disse. Tinha voltado a respirar sonoramente, sinal de que o combustível para as palavras iria se exaurir em breve.

— Era indiscutível que estava acontecendo algo. De fato, que os desembarques ocorressem no porto até aquele momento era outra coisa. Mesmo porque, se vinham do Oeste, seria mais fácil que atracassem nas praias do Oeste. Nós aqui, ao contrário, estamos no Leste e diante da nossa casa, além do mar infinito, sabemos que passadas cerca de 650 milhas está Chipre, mas antes de 650 milhas não há nada. Ora, navegando do Oeste, se esperaria um desembarque nas praias dali. Aqui está fora de rota, desembarcar aqui é um acontecimento excepcional, embora nos últimos anos tenha acontecido outras vezes.

Pegou um cigarro do maço de Paola e colocou na boca, sem acender.

— Não, não esperava que chegassem a esta praia. Era um problema técnico o meu: por que vir até aqui se podiam atracar muitas horas antes numa praia a Oeste?

Pegou o isqueiro e o aproximou da boca.

— Fundamentalmente, porém, sou um homem do mar. Para mim um salvamento vale o outro, aqui ou em mar aberto não existe nenhuma diferença.

Fez brilhar a chama, aproximou o cigarro, inspirou, colocou o isqueiro na mesa, expirou a fumaça.

— Me desculpe não ser mais exaustivo.

Sua intervenção estava definitivamente concluída.

Paola descruzou os dedos e voltou a nos olhar nos olhos.

Ela não tinha ainda terminado.

— Creio que o fato mais traumático foi ter tido medo. A experiência do medo me causou uma grande sensação de culpa, mesmo que depois o tenha reelaborado dizendo «Ok, ter medo é normal, é humano, o importante é superá-lo». Mas eu e Melo nos envergonhamos, porque esse medo existiu. Durou, na verdade, um átimo, justo um átimo. Mas a primeira reação instintiva foi aquela, eu dizendo: «Fechemo-nos aqui dentro». Não esqueço nunca. Diante de mim estava passando tudo o que até aquele momento tinha sempre dito e que, na hora H, eu não estava cumprindo.

Pôs-se a rir, às gargalhadas.

— Eu fazia belos sermões, mas no momento justo agia muito mal. Desde antes eu tinha as minhas ideias de intelectual de esquerda: é preciso acolher, não se deve ter medo. Depois, quando me vi envolvida, porra...

Aquela gargalhada foi uma liberação.

— Uma amiga de Cantù, Loredana, veio aqui pela primeira vez como nossa hóspede. Se apaixonou pela ilha e voltou várias vezes para trabalhar. Ela também era muito aberta, progressista, com ideias de esquerda. Loredana trabalhava como guia de um caíque bem grande e dormia nele à noite, sozinha, ancorada no porto. Certa manhã, ainda de madrugada, ouviu barulhos estranhos vindos de cima, da coberta. Eram passos. Do vigia viu pernas negras. Muitas pernas negras. O que tinha acontecido? A barcaça tinha alcançado o porto e se tinha colado ao caíque, porque o cais era muito alto. Assim, para conseguir subir, os rapazes estavam pulando para o caíque, usando-o como escada. Loredana me contou que a sua primeira reação foi trancar-se na cabine. Depois de um instante, disse para si mesma: «Mas que merda estou fazendo?». Abriu a cabine, saiu e começou a ajudar os rapazes. Quando me confidenciou esse fato, reencontrei nela o mesmo mecanismo mental. Existem dois instintos, só que um precede o outro: proteger-se e ajudar o próximo, porque mesmo o de ajudar é um instinto. O medo do diferente, do que não se conhece, qualquer coisa que o medo seja, humano, natural, animal, é normal. E se você o supera na primeira vez, provavelmente não se lhe apresentará de novo. Ou, pelo menos, toda vez que ele se apresentar, você terá tempo para reações sempre menores para superá-lo. Todas as vezes que Loredana me conta isso eu me reencontro no relato: as mesmas palavras, as mesmas expressões, o mesmo sentimento misto de vergonha e redenção, a mesma condescendência em autojulgar-se.

Paola se levantou. Tinha terminado. Faltava, porém, uma peça. Era uma parte bem grande. Melo acabara de se retirar, passava das onze e todas aquelas palavras o tinham cansado tanto que precisava deitar-se.

— Quando ocorreu o desembarque? — perguntei.

Minha amiga, habitualmente lúcida e precisa, nos confidenciou que não se lembrava.

— Geralmente tenho uma ótima memória e consigo guardar na mente um monte de informações. Não essa. Não consigo me lembrar.

Começou a olhar em volta.

— Devia ser antes de 2005, porque, para ouvir as vozes vindas de fora, a casa devia ter os caixilhos antigos. Esses novos são isolantes. Logo, ocorreu em 2003 ou 2004...

Parecia convencida, mas depois de um instante parou de repente e recomeçou em marcha à ré.

— Não, espera... foi em 2004, porque nos mudamos em junho de 2003... eu estava no sofá diante da TV, logo...

Estava lutando contra um bloco de memória.

Certos traumas podem levar décadas para serem superados.

— Não consigo me lembrar, de verdade. Mas eu poderia dizer exatamente quais foram os movimentos que fiz e onde nos encontramos, com Melo no meio da sala, quando, olhando-o nos olhos, dissemos «Vamos ficar fechados aqui dentro».

Tinha interpretado toda a cena: os gestos que ela e Melo trocaram, as respectivas posições na sala, a distância entre seus corpos que aumentava e diminuía enquanto a consciência do que estava acontecendo no mar, a menos de vinte metros da janela da casa, impunha-se firmemente como uma necessidade. Faltava só o *quando* para que tudo fosse completo.

Paola voltou a se sentar, serviu-se de um pouco de café, já frio, pôs açúcar e o bebeu com extrema lentidão, cansada daquela revelação. Até sua voz tinha se cansado, baixando de tom.

— Passei a noite inteira com pavor de acordar na manhã seguinte e encontrar algum morto sob a luz do sol. No escuro não se percebia nada. Meu pesadelo foi sempre este: como poderia mudar minha relação com esse lugar, com esse mar, com essa casa, com essa paisagem se um dia topasse com um... o mar traz um monte de coisas... agora soprava o levante e tivemos de recolher dois pedaços de madeira belíssimos encalhados no mar... mas se chegasse aqui um... não sei... não sei... nunca vi um morto. Nunca quis ver.

Levantou-se da mesa, despediu-se de nós e foi ao encontro de Melo.

Eu e papai nos despedimos com dois beijos, um em cada face, e voltamos para os respectivos quartos.

No telefone havia um SMS.

Era do tio Beppe.

Estava escrito: «Me desculpe, não consegui retornar, estava muito cansado».

Era muito tarde para chamá-lo de novo.

Deitei-me e caí logo no sono.

***

— A primeira chegada ninguém esquece — repetiam num tom entre o sério e o engraçado os que a tinham visto diversas vezes.

Tinham toda a razão do mundo.

O jantar em que Paola e Melo nos contaram do desembarque tinha sido naquela mesma noite.

Eu e meu pai tínhamos acabado de aterrissar em Lampedusa.

Nossos olhos eram ainda virgens.

Petrificado, admirava a cena das pessoas salvas em mar aberto na noite anterior pela Guarda Costeira. Homens, mulheres e crianças estavam em pé nas três patrulheiras que atracavam em turnos para permitir as operações de desembarque.

Eram muitíssimos.

Encontrava-me no cais Favaloro graças a Paola, que me dera um crachá do Lampedusa Forum Solidale, uma associação de laicos e religiosos autorizada a ficar no cais para acompanhar as chegadas. Meu pai estava do lado de fora, atrás da cancela de ferro.

Logo que aterrissamos, Paola foi nos buscar no aeroporto, comunicando-nos, bastante serena, que em momentos haveria uma chegada.

– Quer ver ao vivo, Davidù? É para isso que você veio, não é?

Os voluntários tinham trazido garrafas térmicas cheias de chá quente, preparavam os cobertores térmicos para distribuir e abriam sacolas de lanches. Eu imitava as suas ações.

O primeiro dos três barcos de patrulha da Guarda Costeira se aproximou do cais. Os homens da Cruz Vermelha e todo o pessoal médico usavam luvas e máscaras, foram gritadas as orientações para o transbordo em terra e, sob o olhar dos guardas com equipamentos antimotim, iniciou-se o desembarque no cais.

Um par de semanas antes, seguindo um impulso imprevisto, tinha pedido a meu pai para ir comigo a Lampedusa.

Nunca tinha feito uma viagem apenas com ele.

— Papai, o que vai fazer no início de novembro?

Desde que se aposentou, tinha descoberto a paixão pela fotografia. Pensei que ele gostaria de fotografar Lampedusa. Perguntei-lhe pelo telefone, certo da sua negativa, e esperei, porque é assim que funciona quando se fala com um pai meridional: deve haver um amplo parêntese de silêncio antes de uma resposta — de qualquer resposta. É uma necessidade, causa de força maior. E, de fato, após longos e enervantes segundos, a voz de papai ressoou do outro lado da linha.

— E você, o que vai fazer no início de novembro?

Tinha respondido uma pergunta com uma outra pergunta. Clássica estratégia da anamnese médica. Eu não podia competir com quem havia praticado essa disciplina por mais de quarenta anos.

— Volto a Lampedusa. Você nunca a viu, por que não vem comigo?

— Mas você já não esteve lá?

— Sim, várias vezes.

Outro silêncio, interminável. Ao telefone com meu pai, ninguém me viria salvar daquela Sibéria sentimental. Depois, como o lobo aparece na neve, eis que volta de improviso sua voz.

— E quanto tempo vamos ficar por lá?

— Cinco, seis dias no máximo.

— E onde vamos ficar?

— Onde fico sempre: na minha amiga Paola. Tem um b&b. Quartos separados.

Imaginava meu pai vagando por um quarto infinito, sem cantos nem paredes.

— Posso pagar com o cartão?

— Não, papai. Mas pode fazer uma transferência bancária antes de partir.

Ainda silêncio, mas desta vez de um tipo diferente: podia-se ouvir o ruído das engrenagens movendo-se, as argumentações levadas ao extremo, os dilemas finalmente resolvidos.

— Então levo dinheiro.

— Ótimo, então você vem?

— Sim.

A resposta chegou de golpe.

Não estava preparado.

Não tinha tido o silêncio do aquecimento prévio.

Além do mais, meu pai recomeçou imediatamente a falar.

— Quero levar a máquina fotográfica.

— Por isso te convidei para viajar comigo.

Debulhei as palavras com lentidão, em voz baixa. O coração tinha começado a acelerar seus batimentos.

Meu pai mudou de tom. Estava até alegre.

— Deve ser um lugar estimulante e interessante para fotografar, mesmo que difícil, não acha?

Tinha feito uma pergunta inesperada, tinha pedido um parecer. Eu estava embaraçado. Experimentei então a sua técnica: responder a pergunta com outra pergunta.

— Papai, seu trabalho como cardiologista influenciou seu modo de fotografar?

Estava desesperadamente procurando entrar em consonância com ele.

Meu pai então respondeu de repente.

– Como médico, juntava muitos pequenos indícios para chegar a uma união que constituísse um significado: um sintoma, um sinal, um dado de laboratório. No fundo, o trabalho verdadeiro é este: somar sintomas, sinais, dados de laboratório em busca de algo que forneça uma explicação. Há uma hipótese diagnóstica e busca-se o que se supôs. Para isso preciso de um olhar que me oriente, sabendo o que buscar e onde olhar. A medicina atual é uma medicina cega, os estudos de detecção sistemática testemunham substancialmente que o médico não sabe olhar. E o médico não sabe olhar porque não foi educado para olhar. A mim, ao contrário, foi ensinado olhar. Meu mestre, o professor Geraci, nos ensinou a importância do olhar na análise médica. Diria então que sim, meu olhar foi influenciado e treinado ao mesmo tempo pela minha profissão. Comprei até uma nova objetiva, não vejo a hora de experimentá-la. O que você acha, levo o tripé também?

Não estava pronto para aquela chuva de palavras paternas.

Senti-me encharcado.

— Sim, sim. Leve — balbuciei, terminando apressadamente o telefonema com uma estranha sensação, como devia ter sido o despertar em Berlim Oriental, na manhã da queda do muro.

No Sul expiamos uma dificuldade comunicativa, filha de uma cultura secular na qual calar é sintoma de virilidade.

«Homem de pança» é um modo lisonjeiro para definir quem presume ter um estômago muito forte para guardar tudo: as dúvidas, os segredos, os traumas. É um traço distintivo do paternalismo: calar torna-se uma arte que se aprende desde pequeno. Falar é uma atividade de mulheres. Os fracos falam, os machos verdadeiros são mudos. A consigna do silêncio, umbral dessa rocha quase inviolável que é a *omertà*, é uma condição *sine qua non* para integrar-se. Em todo caso, e para deixar as coisas claras: *'a megghiu parola è chidda ca 'un si dice*.[1]

Não é estranho que meu pai tenha encontrado na fotografia um meio tão agradável para exprimir-se. Nesse contexto asfixiante e sentimentalmente quase analfabeto na

---

1 A melhor palavra é a que não se diz. [N. T.]

hora de nomear o próprio desejo, as fotos de meu pai configuram-se como uma tentativa de abertura no confronto com a realidade. Suas fotos, de qualquer modo, tornam-se as palavras que não são ditas. Fotografar é o modo como meu pai, finalmente, fala consigo mesmo em voz alta, admitindo a própria impotência em relação a uma dada circunstância ou avaliando a dimensão de uma falência, indagando a fundo a razão das coisas, sem a obsessão de uma resposta imediata. Por sua vez, a fotografia aspira também a algo além de si mesma, rompendo justamente o silêncio que as palavras não podem preencher.

As operações de desembarque começaram com os meninos de pouquíssimos meses, os primeiros a descer em terra firme. Um homem da Guarda Costeira tinha nos braços uma menina enrolada numa manta térmica, tão pequena que parecia uma boneca. Os colegas o seguraram pelos ombros, permitindo-lhe manter o equilíbrio e ganhar com segurança o cais. Uma vez em terra, o bebê foi dado a uma enfermeira. A operação se consumou velozmente e foi executada com grande atenção. Em todo o tempo do transbordo, o homem da Guarda Costeira olhou nos olhos a menininha, uma pequenina de três, quatro meses, sorrindo-lhe sempre.

Papai, é este o sentido de recompensa que vocês médicos experimentam quando salvam a vida de uma criança?

Em seguida, houve o transbordo de outro pequenino, um menininho de pouquíssimos meses. Mais uma vez, pareceu que assistíamos à passagem de uma testemunha de vidro, tão grande foi o cuidado ao manejar aquele corpinho. Nas tendas, o pessoal médico examinava os dois recém-nascidos. Depois desembarcou um adulto, um só, um subsaariano. Era o pai da primeira menina. Foi para junto da filha. Acariciava-lhe a cabeça com o indicador e agradecia quem quer que lhe atravessasse o olhar, abaixando a cabeça em agradecimento. Apertava os dentes para não chorar. Pai e filha subiram na ambulância junto a uma voluntária da Cruz Vermelha, que tinha consigo outro menino. Foram levados ao ambulatório para mais exames.

Começou o desembarque das crianças maiores. Tinham cinco, seis, sete, oito anos. Eram umas vinte. Não foi preciso carregar nenhuma delas. Caminhavam com as próprias pernas. Com a exceção de duas, que usavam tênis em vez de sapatos, todas estavam descalças. Vestiam camisetas coloridas, calças curtas, vestidinhos que terminavam acima do joelho. Agarravam-se à manta térmica. Uma menina começou a brincar com ela, transformando-a numa capa que, batida pelo sol, criava escamas de luz. Um outro, pequenino, estava tão cansado que se sentou no chão, apoiando-se com as costas na mureta do cais e, fechando os olhos, adormeceu.

— Toma — disse-me Paola, entregando um saquinho cheio de bonequinhos para distribuir junto com a comida, o chá e os sucos de fruta.

O bonequinho era um dinossauro de tecido violeta, com cerca de dez centímetros, muito macio. A procissão assustada e extraviada de crianças foi aliviada pelo presente daquele pequeno brinquedo. Os pequenos se concentraram plenamente nos bonecos. Era a chave para um mundo de alegria. Nenhum deles chorava. Às vezes olhavam em volta, sem compreender onde estavam. Eram todos subsaarianos. Era a primeira vez que viam pessoas de pele clara, os barcos amarrados, os bonequinhos violeta em forma de dinossauro. Bebiam o suco de frutas e brincavam em silêncio. Quando a ambulância voltou, foram levados ao ambulatório. Foi preciso fazer duas viagens. Um voluntário da Cruz Vermelha tinha pegado nos braços o menino adormecido, que, agitado, continuava a dormir. Eram onze da manhã. O siroco soprava com força. Quando a ambulância partiu, liberando espaço no cais, começou o desembarque das mulheres.

As garotas desembarcadas eram jovens, muito jovens, juveníssimas. Tinham vinte, quinze, doze anos. No embarcadouro, a equipe médica tinha iniciado as operações de rotina para identificar a eventual presença de sarna, examinando a mão de cada uma delas.

Os voluntários sorriam e gozavam. Paola estava discutindo com Alberto, um operador de Roma com *dreads*.

— As sardinhas devem ser limpas com um fio d'água contínuo — explicava. — Um talho seco com a faca e fora com as tripas, mas rápido, porque senão a sardinha se encharca de água e perde o sabor do mar.

Estavam atarefados com as garrafas térmicas. Ao lado, duas voluntárias abriam outras sacolas de lanche. O chá quente foi servido em copos de plástico, depois se esperou que a equipe médica desse às garotas permissão para avançar pelo cais em direção à caminhoneta, que acabava de entrar pelo portão de ferro e as conduziria ao Centro. De repente, sem nenhum aviso, uma moça desmaiou. Encolheu-se, e com um único movimento foi ao chão. O último resíduo de força deve ter se esvaído e o corpo caiu. Foi socorrida pelo pessoal da Cruz Vermelha e colocada numa maca. Devia ter catorze, quinze anos. Desmaiou uma segunda moça, de maneira parecida, como se, de fato, agora que se achavam em terra firme, o esforço para sobreviver pudesse interromper-se por um instante, o tempo de descansar, recarregar-se e então recomeçar. A segunda garota era ainda mais jovem, doze anos, no máximo.

— Estão desidratadas — consegui captar pelas informações que os médicos trocavam entre si.

Cada desmaio foi socorrido em silêncio. Houve um terceiro, um quarto e um quinto. As moças foram levadas para a ambulância. Foi como se cinco pedras tivessem caído no lago do meu coração. Tratava-se de absorver a dor, claro, como as águas engolem as pedras. É um átimo, uma fração de segundo na qual tudo parece consumar-se: o tempo do impacto, o som da água que se abre, a pedra que desaparece. Porém, um instante depois, sucede o lento mas inestancável propagar-se das ondas no lago em todas as direções, um quebrar-se nas margens que vai rompendo no tempo, no espaço da memória, com um imperceptível mas sistemático desgaste das barreiras do coração.

As garotas ganharam o cais, descendo da primeira e da segunda patrulheira, enquanto a terceira permanecia no mar, esperando seu turno. Eram mais de duzentas. Estavam confusas e assustadas como as crianças. Algumas se deram conta dos desmaios, outras não. Não houve reações particulares diante daquelas quedas. Mais da metade estava descalça, as outras usavam sandálias ensopadas.

Nenhuma rompeu em prantos, mas muitíssimas retinham as lágrimas. Chegou o sinal para que fossem para as camionetas. Os gestos eram lentos, os passos, medidos. Parecia uma procissão, mas estavam no extremo de suas forças.

Os voluntários lhes ofereceram o lanche e o chá quente. A cada moça diziam: «*Welcome*». As moças agradeciam em voz baixa: «*Merci*», «*Thank you*», uma pequena inclinação, um esboço de sorriso. Mantinham o chá com as duas mãos, perto do rosto, para se esquentarem com o contato. Foram distribuídas outras mantas térmicas. Paola andava recolhendo as sacolas do lanche e os copos de plástico vazios. Falava com as moças: «*Where did you come from?*», «*D'où venez-vous?*», «*Welcome*», «*Bienvenue*».

Sorria como Alberto, como os outros voluntários.

Eu estava transtornado.

Paola veio em meu socorro.

— Mas lhe parece que depois de tudo o que passaram não os acolhamos nem ao menos com um sorriso? Vai, pegue as garrafas e sirva chá para as garotas.

Na tenda da equipe médica ficaram as garotas com sinais de sarna entre os dedos. Eram duas. Esperavam a volta da ambulância.

Para levá-las ao Centro, a camioneta, que era só uma, precisou fazer quatro viagens. Durante a espera, as garotas se apoiaram na mureta. Algumas se sentaram no chão.

Me dei conta de que no cais não havia nenhum banheiro químico.

— Mas, e quando chove? — perguntei a Paola.

— Nos molhamos todos, nós e eles — me respondeu.

Meu pai se tinha plantado numa rocha, ao lado da cancela de ferro. Tinha montado a nova objetiva na máquina fotográfica.

— Ok — disse a mim mesmo —, eis um motivo sério para não se pôr a chorar.
Não podia chorar na frente de meu pai.
Nem morto.
Distribuí lanches e chá.
Depois que todas as garotas foram transferidas, começou o desembarque dos homens.

Os primeiros rapazes que tocaram a terra entoaram um canto de agradecimento, as mãos para o alto, a testa voltada para o céu depois de beijado o solo. Outros cantavam em voz baixa. Alguém esboçava um ritmo, batendo suavemente as mãos. Eram cerca de trezentos e estavam exaustos. Vestiam macacões e suéteres. Poucos usavam jaqueta. Uma dezena deles calçava tênis e sandálias, alguns estavam de sandália de dedo, outros tinham nos pés apenas meias de algodão, a maioria estava descalça.
— Estes estão mais cheios de corpo, diferentemente daqueles que chegaram anteontem — constatou um voluntário da Cruz Vermelha.
Confusos e silenciosos, foram sentar-se na mureta, buscando proteger-se do sol o máximo possível.
Os voluntários continuavam a distribuir chá, lanches e sucos de fruta.
— *Welcome* — eu dizia a todos os rapazes desembarcados.

Tentei falar com eles.

— *Where did you come from?*

«Nigéria», «Camarões», «Síria», «Eritreia», «Sudão», «Somália», «Marrocos», «Tunísia», «Nepal».

O mundo inteiro.

— Espera, desculpe. Nepal?

Eram três. O único visto que lhes tinham concedido, apesar da guerra em curso, havia sido para a Líbia. Partidos do Nepal em barco, alcançada a Índia, tinham tomado o avião até Trípoli e, dali, depois de algumas semanas presos e de terem pagado a quantia exigida, embarcaram no bote de borracha para a Europa.

Em geral, uma travessia do Mediterrâneo custa dois mil dólares por cabeça.

O tráfego de seres humanos é muito poderoso e altamente remunerado.

— *It's nice here* — constatou o nepalês.

Podia ter vinte, vinte e cinco anos, como seus dois amigos.

— *Where are we now?* — perguntou.

Expliquei a ele que estávamos em Lampedusa, o lugar mais ao sul da Europa.

— *We are in Sicily, right now. We are in Italy.*

O rapaz se inclinou levemente para me agradecer. Depois perguntou de novo:

— *Are we in Europe?*

— *Yes, we are. Welcome and good luck.*

Ao lado tinha um grupinho de rapazes mais animado do que os outros. Eram marroquinos, maiores de idade há pouco. Entre eles, um de cerca de vinte anos espantou todo mundo porque falava um cerrado dialeto romano.

— Quem tem um cigarro pra mim?

Todos ficaram surpresos: os voluntários, as forças da ordem, o pessoal da Cruz Vermelha.

— Mas o que é isso? Um imigrante que fala em dialeto romano?

Naquele momento queria muito que meu pai estivesse ali perto para ouvir aquela cadência, aquele dialeto, o modo áspero e um pouco truncado que os romanos têm ao enunciar a frase.

O rapaz contou que o pai tinha cidadania italiana, como o tio. Seus pais haviam emigrado do Marrocos quando ele era muito pequeno. Cresceu na periferia da capital, onde vivera catorze anos. Em Roma aprendeu a ler e a escrever.

Era por demais evidente, aquele rapaz era romano em tudo e por tudo: no olhar, nos movimentos, na leveza irônica ao falar. E o era culturalmente: não só se exprimia em dialeto, gesticulava em romano. Era sua linguagem, sua estrutura de pensamento.

Alberto, o voluntário romano, perguntou-lhe de qual bairro era.

— Sou de Tor Bella, e você?
— Prati, conhece?
— Claro, estive lá numa *rave*.

Em Roma tinha também se casado. Tinha um filho que não via há dois anos porque, quando era menor, roubara uma carteira, fora preso e, depois de cumprir a pena na prisão, no fim do processo foi expulso e reenviado para o Marrocos.

— E quem é que falava árabe? Eu sempre falei italiano. Fiz aqui toda a escola. À minha volta, todos falavam em árabe e eu não entendia nada.

Tinha tentado entrar na Itália de modo legal, pedindo sobretudo a reunificação familiar.

— Na embaixada não há ninguém que responda, e no consulado não há nunca ninguém. O pouco dinheiro que tinha gastei todo em telefonemas e tentativas.

Os tempos de espera eram enormes. Assim, foi trabalhar como pedreiro para ganhar um lugar na barcaça. Ao fim de dois anos, conseguiu juntar a quantia necessária. Zarpou da Líbia com os rapazes que tínhamos na nossa frente.

— Quero rever minha mulher e meu filho.

Fumava o cigarro que um voluntário lhe ofereceu. Parecia verdadeiramente aliviado agora que se achava em terra firme.

— Havia começado a entrar água no barco a poucas milhas da costa líbia. A água tinha chegado aos joelhos. Por sorte, vieram nos resgatar. A coisa estava feia.

Sorriu, deu uma tragada no cigarro, expirou a fumaça.

De repente, mudou de expressão, sacudindo os ombros.

— Se me devolverem, dessa vez me enforco de verdade.

A camioneta voltou para a última carga, acomodou os rapazes e partiu para o Centro.

O cais Favaloro ficou vazio.

O número exato de desembarcados foi de 523 pessoas, crianças inclusive.

— Hoje, tudo somado, foi um desembarque tranquilo. Apenas cinco desmaios, nada mais.

— Normalmente é pior, Paola?

— Depende das condições com que enfrentam a travessia, Davidù. Às vezes, desmaiam quase todos, estão desidratados e presos à vida por um fio, às vezes vomitam no ancoradouro, vomitam sucos gástricos, nada mais, e precisamos de braços para erguê-los e panos para limpar rostos e corpos. Depende. Nesses dias o clima é uma maravilha e o mar lhes é como um pai.

— Mas essas coisas que você faz, o chá quente, os lanches, uma palavra de conforto, os bonequinhos violeta, se não fosse você ninguém faria, não é?

Paola se limitou a sacudir os ombros enquanto ia recolher o saco preto com os copos de plástico usados e as sacolas dos lanches. Além da cancela de ferro, meu pai fixava o mar, a máquina fotográfica pendurada no pescoço e as mãos nos bolsos.

Nas suas fotografias, meu pai prefere retratar detalhes mínimos. A ferrugem, por exemplo, o atrai muitíssimo, ou o canto dos quartos em que uma única linha de sombra separa o ambiente em dois, de um lado a luz, do outro a sombra carregada de mistério.

Uma das séries de que mais gosto é a dos alfinetes de mola multicoloridos num fio, como bailarinas antes que a cortina se levante.

Meu pai é fascinado pelas articulações dos espaços e das linhas entre si, e busca essas intersecções enquanto observa uma paisagem, o canto de um quarto e o rosto de um indivíduo.

Ao fotografar casas em ruína com árvores austeras ao lado, nuas, mas ainda vivas, lhe interessa o equilíbrio que se instala entre os objetos em questão e o espaço vazio que os circunda.

Tem um olhar clínico, do qual extrai sua vocação para o detalhe mínimo capaz de criar um mundo em si. Essa sua inclinação é irmã da paixão que nutre pelo poeta inglês T. S. Eliot, teórico do correlato objetivo, no qual o objeto se carrega simbolicamente de sentido e se torna outro: uma condição da dor, da solidão, da graça.

Há algo litúrgico na sua maneira de fotografar. Me lembra Cézanne. Se tivesse sido pintor, haveria de pintar sobretudo naturezas-mortas.

Em toda a sua vida papai não tinha tomado um avião. Desde que se aposentou, superou esse medo. Na balsa para Lampedusa, sentado a seu lado, tentei iniciar um diálogo com ele, perguntando-lhe por que tinha começado a fotografar. Esperava poucas palavras, frases secas, sujeito, predicado, complemento, sem adjetivos ou advérbios. Mas não.

— Meu interesse pela fotografia nasceu de uma lembrança: meu pai que me coloca nas mãos a máquina fotográfica. Eu tinha seis anos. Tenho aquela máquina até hoje, é a Voigtländer Vito C. Ainda funciona. Uma dezena de anos depois da morte de meu pai, lembro que estava com seu irmão Marco quando eu disse: gostaria de fotografar esse detalhe. Marco tinha uma pequena máquina compacta que não lhe servia mais e me deu de presente.

De repente, era como se meu pai não estivesse mais comigo. Era completamente imerso na sua memória, perscrutando-se por dentro, nomeando as correntes ocultas que geravam ondas emotivas independentes da sua vontade.

Falou de si e de seus sentimentos com uma falta de pudor que eu não acreditava possível.

Disse:

— Fotografar, para mim, é como continuar a falar com meu pai.

Compreendi naquele instante que ele e meu avô se amaram muito mais do que eu tinha intuído, mais do que o silêncio deles tivesse deixado transparecer.

Medidas, serenas, as palavras de meu pai emanavam da sua boca.

— Com a idade, se diz «Quantas coisas eu poderia ter discutido com meu pai». E, assim, continuando a passear com ele, tiro fotografias, porque a fotografia se faz essencialmente a pé: você deve caminhar, não há muitas outras possibilidades. Deve passear sem buscar nada especial, o que vai fotografar já o leva dentro de si. Poderá, assim, encontrar o que quer fotografar a cem metros de casa ou em Berlim no monumento às vítimas do Holocausto. E, durante toda a caminhada, falo com meu pai.

Suas palavras eram cores postas na tela sem esforço. Então, pela primeira vez, compreendi quem era meu pai. Era a um só tempo meu progenitor, o filho de meu avô e o órfão adulto que, do dia da perda em diante, teve somente o pesar e a memória para relacionar-se com o pai.

Eis por que meu pai tira tantas fotos de detalhes, pensei, é a seu pai que as mostra. É isto que me toca tanto:

o cuidado absoluto com o qual o menino tem na palma da mão o objeto conquistado para mostrá-lo ao próprio pai em troca de um carinho, uma palavra de afeto, um olhar que proteja, sempre, mesmo além da vida.

Um amor tão visceral que atravessa todos os espaços e vai além do tempo.

Ultrapassei a cancela de ferro com a inscrição «Zona Militar: entrada proibida».

— O que achou, papai?
— Do desembarque?
— Sim.
— Honestamente, foi impressionante.

Caminhávamos pelo porto. O siroco se tinha levantado, definitivamente. Não encontrou obstáculos da corrida que tinha feito do Saara até aqui para esbofetear nossas faces com os grãos da sua areia.

— Vi que montou a objetiva. Tirou alguma foto?
— Não.

Papai andava ao longo da beira do cais, apertando com a mão direita atrás das costas o indicador e o dedo médio da esquerda. Não sei se imitava aquele gesto porque desde pequeno o tinha visto fazer ou se era um movimento espontâneo do meu corpo, mas meu modo de caminhar — largueza do passo, dedos cruzados às costas, peito empinado — replicava exatamente o seu.

— Como não fotografou nada?

— Tem razão Robert Capa quando sustenta, no caso em questão, que a fotografia não sai bem se o fotógrafo não estiver perto do evento. Eu estava longe do desembarque. A propósito, o nosso modo de caminhar era idêntico ao de nosso avô Rosario. Três gerações diferentes, um mesmo caminhar.

— Queria estar mais perto?

— Trata-se também de respeito, como você sabe que não está cometendo uma violência ao tirar uma foto de um ser humano naquele preciso contexto? São situações a serem avaliadas de dentro. E depois há também outra coisa, tomemos alguns exemplos da fotografia: «A morte de um miliciano», de 1936, ou aquela menina atingida pelo napalm durante a guerra do Vietnã, ou o instantâneo do menino sírio morto na praia. O que fazer para não ser envolvido emocionalmente com essas fotos? Depois, no entanto, você começa a pensar: mas então o que entendemos? Para que serviu tudo isso, se a catástrofe torna a se manifestar? A fotografia o coloca diante de uma realidade — a menina nua que grita e chora, o miliciano que morre, o menino sírio afogado, uma das mais terríveis fotos de todos os tempos, e é justo que tenha sido tirada e depois publicada — uma realidade lancinante, dolorosíssima. E apesar de todo esse sofrimento mostrado, continuamos incapazes de compreender o que está acontecendo. No final, o que mudou?

Meu pai olhava o horizonte. O mar, agitado pelo vento, parecia um campo de batalha depois de uma carnificina. Voltou a falar. Não tinha concluído o raciocínio.

— Assistir, mesmo que distante, o desembarque, foi interessante... não, «interessante» é limitado. Foi uma experiência potente, vivida, porém, de fora, daqui, estava distante do cais. Ao ver um tal número de pessoas tão carregadas de sofrimento, o máximo que se consegue formular é «Claro que deve ter sido pesado, deve ter sido terrível para eles!». Talvez o que se devesse fazer seria buscar alguma situação análoga à situação de desespero das pessoas que desembarcaram, tentando aproximar-se, assim, da compreensão do que ocorre, se existe no mundo uma analogia possível que possa ajudar a compreender aquele sentido de perda que identifiquei ali. Por exemplo, penso no que por ora está acontecendo com o tio Beppe, com o aparecimento de um linfoma, depois de termos derrotado um câncer há alguns anos... não sei se consigo me explicar... falo daquelas situações em que se gritaria, «Mas o que devo fazer?», e não se obtém resposta.

Meu pai tinha usado seu irmão como parâmetro para aquele acontecimento.

Tinha nomeado a doença.

Ficamos em silêncio diante do mar. O vento cobria nossa respiração. Os botes da Guarda Costeira, concluídas as operações, tinham acabado de desaparecer do nosso horizonte.

Paola, agasalhada na sua jaqueta cor creme, falava com Alberto. Depois de tê-la escutado, o rapaz romano de *dreads* veio diretamente até mim.

— Paola me contou que você está buscando material sobre o que ocorre na ilha. O que acha de se encontrar com um mergulhador?

— Sem dúvida.

Alberto pegou o telefone, discou um número, esperou na linha, falou brevemente, encerrou a comunicação.

— Na minha casa às cinco da tarde. Só vocês dois. Nem eu quero estar presente.

Agradeci-o, me explicou onde morava, trocamos números de telefone, nos despedimos.

Subimos no carro de Paola, que antes passou no peixeiro: «O que tem hoje?», «Um atum fantástico, vivo», «Me dê, venha», depois nos levou ao ambulatório.

— Nos últimos anos, o doutor Bartolo participou de muitíssimos desembarques, quase todos — disse Paola. Apareceu também no cais, em certo momento, durante as operações de desembarque. O encontramos no seu consultório.

— Há mais de vinte anos ocorrem essas tragédias, como é possível que esperemos que sempre haja mortos?

Bartolo tinha começado assim, sem mediação nenhuma. Usava óculos de grau que estavam na testa. Meu avô Rosario também usava assim quando se esgrimia com os rebus de *La Settimana Enigmistica*. Aproximava a página bem perto do rosto, com os óculos na testa, que só baixava quando escrevia a lápis uma possível solução. Só então o avô distanciava a folha de si para contemplar o êxito daquele duelo.

Depois de ter lançado a pergunta, Bartolo também baixou os óculos até os olhos e nos estudou por um tempo brevíssimo. Éramos o seu rebu. Depois levantou os óculos e voltou a falar.

— As coisas se sabem e se fazem como não se soubessem. Eis por que estou falando com vocês, porque cada voz singular pode servir para sensibilizar. Somos só uma gota, mas muitas gotas podem criar um oceano.

Baixou novamente os óculos até os olhos e se pôs a nos observar.

— Escrevam, saiam por aí a contar o que viram, porque é necessário, o continente não tem ideia do que está ocorrendo de verdade. Mas não digo o que ocorre aqui em Lampedusa — esta ilha é somente um ponto de passagem, a etapa de uma odisseia —, refiro-me ao que ocorre de verdade a esses pobres coitados que chegam aqui, as atrocidades que se veem obrigados a sofrer, a mortificação da própria existência, o aviltamento dos sonhos e das esperanças.

Pietro Bartolo é um ginecologista, deveria ocupar-se com a vida, os nascimentos e as mães. Em vez disso é o médico que tem o mais alto número de inspeções e reconhecimentos de cadáveres no mundo, pelo menos numa zona que não é de guerra.

— Quantos eu fiz? Demasiados.

Com as mulheres é sempre um suplício.

— Nem aos animais fazem o que fazem com as mulheres — foi tudo o que o médico conseguiu dizer.

Para uma mulher é sempre pior.

Os estupros são contínuos e repetidos, individuais ou em grupo.

Há meninas que chegam grávidas.

Há mulheres transformadas em brinquedos, usadas até que se quebrem.

Depois, o médico falou do naufrágio de 3 de outubro de 2013, o evento divisor de águas.

Foi a primeira testemunha que ouvi sobre a tragédia.

Bartolo explicou que, em vista da enorme quantidade de cadáveres resgatados do mar, foi usado o hangar do velho aeroporto para abrigar os mortos.

Havia sacos negros por toda parte.

— Deus, por favor — rogou naquele dia —, faça com que o primeiro saco que eu abra não tenha dentro um menino, por favor, te peço.

Tomou coragem, inspirou e o abriu.

— Era um menininho.

Pietro Bartolo tornou a reviver o desconforto daquele passado tremendo. As mãos instintivamente foram para a boca, como para tê-la fechada e impedi-lo de gritar.

— Era uma coisinha assim.

Estava medindo mais uma vez, ali no seu consultório, o tamanho do menino. Indicava-o mais para si mesmo do que para nós. O menininho continuava a aparecer cada vez que pensava nisso de novo e falava dele. As mãos do médico estavam paradas, a indicar sua estatura. Não mais de quarenta centímetros. O menino podia ter uns dois anos.

O médico contou que tomou nos braços aquele pequeno cadáver com a esperança de haver um erro, talvez estivesse vivo, talvez respirasse ainda e tivesse um fraco sinal de batida do coração, uma veia que pulsasse, um sopro de vida perceptível encostando-se no seu nariz. Mas, ao contrário, não. Nada. Estava morto. Aquele menino estava morto de verdade.

Foi o primeiro cadáver examinado da tragédia de 3 de outubro.

— Como se deixa morrer uma criatura tão pequena? Mas nós, que mandamos pessoas à lua, devemos deixar morrer assim as pessoas? Não podemos fazer nada para pegá-los e trazê-los para cá? São ou não são seres humanos? Quanto tempo deve durar ainda essa vergonha? Como se pode deixar morrer no mar uma coisinha tão pequena?

Um médico forense, chamado para realizar investigações de inspeção e reconhecimento cadavérico de alguns corpos resgatados do mar, explicou-me que havia folhas e mais folhas a serem preenchidas para certificar que aquele ser humano, com aqueles traços somáticos, com ou sem tatuagens, com ou sem sinais particulares, com ou sem sinais de abuso, estava sem vida.

— Na compilação é preciso ser o mais exato possível nas respostas, para dar aos responsáveis indicações claras sobre a causa do decesso.

Hipotermia.

Desnutrição.

Desidratação.

Feridas por arma de fogo.

Pancadas.

O corpo é um diário no qual é possível ler o que aconteceu nos últimos dias de vida. A rigidez de alguns músculos revela uma forçada privação de água. A presença de pouca carne na caixa torácica testemunha a falta de alimentação por longos períodos. Nas lesões reportadas há sinais visíveis de uma violência inaudita, infligidas antes de zarpar, nos cárceres líbios, ou na própria barcaça, porque às vezes algumas pessoas são mortas a pauladas pelos barqueiros na frente de todo mundo, durante a travessia, como advertência: é inútil pedir água, é inútil protestar, sob pena de morte imediata a golpes. Quem é morto nas barcaças geralmente é jogado no mar. Às vezes, quem ousa queixar-se das condições da viagem é lançado vivo nas ondas.

— É sempre dificílimo trabalhar com cadáveres resgatados do mar — disse o médico.

— Os corpos estão encharcados de água e sal, parecem esponjas. Está tudo deformado: o rosto, os músculos, os órgãos. A pele solta, se não desaparece, e às vezes há sinais de mordidas de peixes. É tudo liso e gelatinoso. Ao tato, quase não parece um ser humano.

O que a tinha perturbado mais que qualquer outra coisa aconteceu durante a inspeção de dois cadáveres.

— Duas moças de menos de vinte anos, como apuramos durante o reconhecimento, muito jovens. Vestiam ambas tudo em dobro: dois moletons, duas blusas, duas calças jeans, duas calcinhas, uma sobre a outra. Era como se tivessem vestido tudo que possuíam, a roupa e a muda juntas, para se protegerem do frio, é claro, mas também para guardar com elas tudo o que possuíam. Num bolso interno tinham costurado duas folhas com endereços. Era seu tesouro, os contatos para chamar na Europa. Tinham perseguido a esperança de uma vida mais digna, vestindo uma roupa dupla como proteção e memória. Depois, uma vez nuas, iniciamos o exame.

    Tinham morrido durante a travessia, de hipotermia.

    Ambas apresentavam sinais de repetidas violências sexuais.

    Fora do ambulatório o sol estava agradável, não era preciso usar o casaco. Subimos no carro, que recendia ao atum recém-comprado.

    Paola se pôs a falar.

    — Sendo forasteiros em Lampedusa, para mim e para Melo é mais fácil estabelecer relações com outros forasteiros do que com os lampedusanos. São desconfiados, os lampedusanos. Para eles, se você não nasceu aqui, não poderá entender nada nunca, da ilha ou da vida em geral. Assim se cria mais facilmente uma vizinhança, uma relação, um vínculo com quem se acha na mesma condição: a de hóspede num lugar em que não nasceu. Especialmente, desde o início fizemos amizade com os rapazes que trabalham no Centro de Acolhimento por causa de organizações como a Cruz Vermelha, UNHCR, Save the Children. Nos encontramos por acaso, nem me lembro como. Naquele grupo havia também um amigo que era radiologista.

Paola dirigia devagar, sem pressa. Queria que aquela recordação se concluisse durante o trajeto, para deixá-la no carro, sem levá-la para dentro de casa. Criou-se uma situação de quase silêncio, o carro avançava e o asfalto se abria sob as rodas com o som de cascalho pisado.

Meu pai falou de repente.

— Se era radiologista, devia fazer as radiografias para estabelecer a idade dos garotos.

Paola concordou.

Não entendi o porquê daquela reflexão e papai me explicou que o comprimento dos ossos é um dos traços que definem a idade de uma pessoa, junto com a presença de pelos nos órgãos sexuais.

— Sim, era uma das marcas do meu amigo — confirmou Paola. — Os maiores de idade seguem um procedimento, os menores, outro.

Foi a última consideração que fez sobre o tema. Depois parou o carro na padaria, desceu, deixando-o ligado, pegou rapidamente o pão encomendado e voltou ao volante.

— Frequentemente jantávamos com os forasteiros. Seus testemunhos foram fundamentais para me fazer compreender o que ocorria. Foi graças a eles que me aproximei dessa realidade. Lembro especialmente dos relatos que diziam respeito às mulheres chegadas a Lampedusa. Uma nossa amiga ginecologista me confessou que certa tarde visitou uma mulher mutilada sexualmente e isso a chocou fortemente. Tinha estudado a mutilação, mas nunca tinha visto nada do gênero ao vivo. Foi a única vez que se sentiu transtornada com algo, e estamos falando de uma profissional com mais de trinta anos de profissão nas costas. Lembro aqueles relatos com extrema nitidez. As violências sofridas na Líbia. O altíssimo percentual de estupros. A suspeita de que o grande número de mulheres grávidas que chegam a Lampedusa esteja ligado ao fato de que, justamente porque grávidas, não podem mais ser usadas. A explicação referente às queimaduras de que são vítimas justamente as mulheres. Acontece o seguinte: nos botes de borracha, as mulheres são colocadas no centro, sentadas. Não ficam nas beiradas. No fundo dos barcos se cria sempre uma mistura devastadora — água do mar, gasolina e urina — e altamente abrasiva. Assim, as mulheres apresentam queimaduras graves e gravíssimas em partes muito delicadas do corpo. As queimaduras no aparelho genital feminino são uma triste constante das chegadas. As protagonistas daqueles relatos eram todas jovens, muito jovens. Creio que nenhuma, nenhuma em absoluto, por mais que fosse devidamente informada, jamais teria escolhido abortar.

Paola estacionou. Fora da janela do carro, o mar, batido pelo siroco, era azul e transparente. Fizesse mais calor, teríamos súbito mergulhado, eu e papai, e teríamos nadado, com braçadas lentas e constantes até a ponta da baía, o mar como um abraço, a imersão como um batismo, a natação como um modo de tirar de cima o peso do dia.

Papai decidiu ir repousar.

— À tarde dou uma volta pelo vilarejo, talvez consiga tirar alguma foto.

— Não vai comer?

— Não tenho muita fome.

— Nem eu. Mais tarde nos vemos no jantar.

Dei uma volta por Lampedusa. Estava deserta. Um vilarejo fantasma. Sentia-me num *western*. Ao longo da rua principal havia só vira-latas, deitados e sonolentos.

Telefonei para Silvia. Aquele vazio me estava angustiando e apenas minha companheira era capaz de me ajudar a resistir.

— Oi.

— Amor, como você está?

— Sabe? A sensação é de que aqui no vilarejo não acontece nada do que ocorre no mar. Tudo se passa no cais ou no Centro. No entanto, como o vilarejo está praticamente deserto, parece que as únicas pessoas que moram em Lampedusa são as que vestem uniforme.

— Sim, entendi, mas como você está? — repetiu Silvia.

Todos os postigos estavam fechados, nenhuma atividade, só o siroco a dominar o cenário.

Mas era minha paisagem interior que interessava a ela.

— Me sinto vazio.

Do outro lado da linha, eu a senti respirar, depois sorrir levemente.

— Não se identifique com o vilarejo. Você não é um deserto, você é alguém que está atravessando um lugar deserto.

Todo aquele vazio tinha passado.

— E os gatos? Como estão?

Silvia riu.

— Eis uma pergunta sensata. Estão bem. Pepa é sempre uma princesa e Soba alterna momentos de doçura e loucura. Você?

— Agora que te ouço, estou melhor.

— Bom, assim está bem. Como vai com seu pai?

— Bem, agora acho que está descansando. Eu, ao contrário, continuo rodando pelo vilarejo, daqui a pouco devo encontrar algumas pessoas.

— Bom trabalho, então.

Tinha percorrido toda a rua dos pedestres em uma direção e telefonei para o tio Beppe enquanto a percorria na outra, com o mar em frente como ponto de fuga.

— Beppuzzo, como você está?

— Daviduzzo! Hoje me sinto um pouco cansado, mas ontem estive me exercitando com os pesos. Estou me fodendo para o tumor. Como vai em Lampedusa?

— É um chumbo e também uma pluma.

— Termine logo de escrever esse livro, tenho muita vontade de ler. Francesco está com você?

— Não, agora não. Quem sabe por onde papai andará, creio que no b&b. Estou dando uma volta sozinho, vai ver que ele ainda liga para você e será um a zero a seu favor, tio.

— Quem sabe.

— O que está fazendo? Está lendo?

— Não, não. Vou me esticar um pouco. Nos falamos mais tarde?

— Claro, tio, bom descanso. Ligo para você esta noite antes do jantar. Beijo.

No vilarejo só se sentia o sopro do vento. Inchava, atenuava-se um segundo como se fosse parar, voltava a golpear as casas e os rochedos.

Com o dedo indicador fui repassando a agenda do telefone. Tinha o número do operador romano, Alberto, que não tinha ainda usado. Me senti tão só que lhe telefonei, mesmo faltando mais de uma hora para o encontro com o mergulhador na sua casa.

Respondeu-me logo.

— Estou indo comprar peixe. Quer me acompanhar? Passo aí e pego você de carro.

Alberto morava em Lampedusa havia muitos meses. Tinha menos de trinta anos e um sotaque romano não muito marcado. Os longos *dreads* que o caracterizam iam até abaixo dos ombros.

— Nunca te deu problema? — perguntei apontando-o.

— No vilarejo, não. No cais, uma vez, sim, ainda que goste de lembrar um belo momento vivido graças aos meus *dreads*.

Tinha desembarcado um rapaz senegalês, também ele de *dreads*, e quando se encontrou diante de Alberto, que lhe oferecia chá quente, abraçou-o, chamando-o de «*Brother*». Falaram de reggae e das surras que o rapaz recebeu na Líbia antes de conseguir embarcar.

Em cada cruzamento, embora tivéssemos preferência, Alberto parava — o melhor a fazer num lugar em que as regras do código de trânsito são apenas um conselho.

— E quando foi que os *dreads* lhe causaram problemas?

— Tinha chegado um novo funcionário da polícia. As forças policiais são as responsáveis pelos rapazes logo que pisam em terra firme. Aquele funcionário causou um monte de problemas a nós voluntários, e não só, chegando até a nos tirar do cais por algumas semanas. Sobre mim, em especial, disse que eu era um carrapato de merda.

— E depois?

— Depois, uma vez terminado o turno na ilha, foi mandado para outro lugar.

Estacionamos na frente da peixaria.

— Tem esse peixe que só se encontra aqui, a anchova. É fabuloso, vive nas profundezas. Grelhado é mesmo muito gostoso.

Seus olhos sorriam quando falava.

O peixeiro limpava o peixe, no expositor os salmonetes eram belíssimos e perguntei a Alberto como é que ele viera parar em Lampedusa. Contou-me que tinha estudado antropologia em Roma, gestão e planejamento de serviços sociais em Londres, teve uma experiência de seis meses em Turim às custas das Nações Unidas e em seguida, após ter recebido uma proposta de trabalho de campo, se transferiu para Lampedusa.

O peixe estava pronto, Alberto pagou e entramos no carro.

— Estamos muito adiantados — disse. Faltavam três quartos de hora para o encontro. Ligou o carro e voltou a falar.

— Foi seu primeiro desembarque?

— Sim.

— Para o seu pai também, imagino.

— Sim.

— E o que me diz?

— Foi uma experiência... não sei que adjetivo usar: dolorosa? Impressionante? Poderosa? Uma soma das três.

— Para mim também foi assim. O primeiríssimo desembarque a que assisti foi uma experiência alucinante.

Minhas mãos suavam. Estava muito, muito, muito tenso: aquela chegada era uma verdadeira loucura: da Líbia a Lampedusa são 240 quilômetros! O fato de aquelas pessoas terem enfrentado a viagem num bote de borracha instável era para mim um verdadeiro absurdo! Que a tivessem enfrentado com pouca água, pouca comida, com crianças a bordo, depois de terem vivido meses e meses em barracas na Líbia, sem saber se morreriam no mar... todas essas considerações, amplificadas pelo fato de tocar com a mão essa realidade pela primeira vez, me transtornaram.

Falou olhando a rua o tempo todo, dirigindo devagar.

— Foi de noite. Lembro muito bem os raios amarelos que as mantas térmicas refletiam. Aqueles brilhos eram belíssimos, pareciam estrelas emersas da escuridão. Me surpreendeu a naturalidade com que as pessoas à minha volta enfrentavam o acontecimento. «Mas como se permitem brincar?», eu pensava. À frente tinha o ignoto, não se sabia quem viria, se estavam mortos, o que aconteceria. O cais me parecia um lugar, não digo sagrado, mas um lugar no qual se deve manter um certo comportamento, onde se mostrar respeitoso. Mas a mente funciona assim: se normaliza, de outro modo se enlouqueceria. Se eu me metesse a refletir continuamente sobre a brutalidade da fronteira, sobre o que passaram as pessoas que vi desembarcar, não poderia continuar normalmente. Viveria muito mal. Além do mais, logo se habitua. De quantos desembarques terei participado? Duzentos? Se algo se repete duzentas vezes, cedo ou tarde nos habituamos. Ademais, o fato de se acostumar e, em consequência, agir de modo profissional quando chegam os rapazes, deriva também da necessidade de demonstrar que somos sujeitos confiáveis. A situação no cais é sempre delicada e, como te disse, há autoridades que gostariam de nos expulsar.

Estacionou, desligou o carro, tirou a chave da ignição, mas permaneceu sentado. Era um rapaz pacato em cada gesto: abrir a janela, engatar a marcha a ré, sorrir.

— Gostaria, porém, de esclarecer que, normalmente, não vivemos situações trágicas no cais, fora aquelas três, quatro, cinco vezes nas quais a situação foi de fato dramática. Todas as outras foram uma verdadeira festa.

— É mesmo?

— Vi pessoas que, logo ao desembarcar, dançavam e beijavam a terra, alguns rezavam, como fazem os muçulmanos, ajoelhados com a cabeça abaixada, e outros aplaudiam e marcavam o ritmo com as mãos e os pés. Tenho lembranças belíssimas. Mais de uma vez aconteceu de os rapazes chegarem no porto já aplaudindo e cantando na patrulheira. É mesmo uma aparição estupenda acudir à noite a chegada festiva desses barcos vindos da escuridão do mar. Talvez exagere, mas creio que o cais seja um dos parênteses mais felizes da vida daqueles rapazes, mesmo porque o que irão viver dali em diante será muito diferente. Mas depois de tudo que passaram, depois da travessia, finalmente, a terra firme. Ali no cais há um novo nascimento, cheio de esperanças e alegria. E acontece de você ser a primeira pessoa que os acolhe. Enfrentaram situações terríveis, merecem uma acolhida digna. No que me diz respeito, é um privilégio estar ali, porque honra a viagem deles, a coragem e também a inconsciência, compartilhando por um breve instante o seu percurso.

Alberto não saía do carro.

Continuava titubeando.

Um arrepio me percorreu a espinha, minha intuição acendeu: aquele era um momento-polvo?

Estava à beira-mar em Scopello, com meu tio Beppe, devia ter uns sete anos e pus na cabeça que precisava aprender a pescar polvo. Meu pai ainda não estava de férias e continuava trabalhando no hospital. Minha mãe, sim, estava de férias, mas tinha ficado em casa com meu irmãozinho, e não era mesmo o caso de ela sair pescando polvo. Assim, coube a meu tio a tarefa.

— De acordo. Eu levo você, Daviduzzo, à praia.

— Para pescar polvo, tio.

— Claro.

Empunhava uma vara pontiaguda e a água me chegava ao tórax. Tio Beppe estava a meu lado. Com a tranquilidade que sempre teve, estava me explicando como se caça polvo. Estava nervoso e buscava não dar na vista. Falava quase em voz baixa.

— Para desentocar o polvo você deve ficar imóvel, com a vara pronta para o golpe. Não se mova. O polvo virá ao seu encontro. Se for você ao encontro e forçar o momento, o polvo escapará e você nunca o pegará.

Não sei de onde tirou aquelas informações. Talvez tivesse um passado de caçador de polvos e era a primeira vez que o revelava a alguém. Ficamos imóveis por um tempo enorme. Quando os músculos do meu braço começaram a tremer e eu quis jogar a vara longe e nadar até a margem porque o tédio me tinha devorado também a alma, no momento em que estava por abandonar qualquer propósito de caça, eis que o polvo aparece. Parecia uma mancha em movimento. Nadava com lentidão. Os tentáculos se lhe aproximavam do corpo com desordenada indolência. Não existia nada senão o mar, eu, o polvo e o tio Beppe. Como previsto, o polvo passou justo na minha frente. Tio Beppe mordia o lábio e nem respirava, mesmo que sua imobilidade transmitisse ânsia e mal-estar. Eu, porém, estava concentrado em me tornar um grande caçador de polvo. Apertei a vara com força e, no momento de lançá-la, meu braço não se moveu. Permaneci parado, com a vara na mão e o olhar no polvo que, ignaro de tudo, nadou mar adentro.

Tio Beppe deu um suspiro de alívio.

— Está bem, era pequeno — disse, como para me desculpar.

— Você não fez bem, fez muitíssimo bem ao não golpeá-lo — replicou tio Beppe.

Tinha relaxado e sorria.

Saímos do mar.

— Tio, mas como é que você sabia como se captura o polvo?

— Me ensinaram — respondeu Beppe, passando a mão nos cabelos já raros na sua cabeça. Depois pegou a toalha de praia e começou a enxugar os meus.

— E quem te ensinou? — o apertei.

— Seu pai.

Depois de secos, entramos em casa.

O momento-polvo é quando uma história te quer, vem ao seu encontro, e não é preciso trespassá-la ou atirar-se contra ela. É preciso estar perto, isso sim, respeitar seu tempo e estar pronto para acolhê-la com cada fibra de si mesmo. É tudo.

Alberto tinha parado de empunhar o volante. Reclinou-se no encosto do assento relaxando os braços, entreabrindo os olhos, massageando o pescoço. Depois de respirar fundo, reabriu os olhos. Estava pronto para falar.

— Lembro ainda hoje com angústia um desembarque ocorrido de noite em fins de agosto. Havíamos ido ao cais, como sempre, bastante tranquilos. Brincávamos e ríamos entre nós. Das cerca de duzentas e vinte pessoas que desembarcaram, as primeiras a descerem no cais, e somente elas, estavam em boas condições. Ninguém podia imaginar o que aconteceria dali a pouco. Um apocalipse na terra. Como se um avião houvesse caído e fôssemos os primeiros socorristas. Todos os outros, umas duzentas pessoas, ainda no bote, não estavam em condições de caminhar. Choravam. Tinham queimaduras por todo o corpo. Os primeiros a desembarcar foram carregados e colocados nas macas e nas ambulâncias. Mas logo depois, numa ilha onde só há três ambulâncias e no cais não havia mais de quatro, cinco macas, faltavam outras cento e oitenta pessoas que precisavam ser tratadas. E cada uma delas, de um modo ou de outro, tinha problemas, do mais grave ao menos urgente, lá onde o problema menos urgente — lembro muito bem — era representado por aqueles que choravam sem parar, gritando «Perdi meu irmão», «Perdi minha mulher», «Perdi meu amigo». Viram afundar a barcaça ao lado deles.

As frases de Alberto se dilataram. Quando não estava falando, passava as mãos pelo rosto, como a reter algo que não existia mais, um rosto, uns ombros, umas mãos.

— Na minha frente havia uma mulher que chorava. Gritava: «Perdi meu filho, perdi meu filho no mar». E dizia para mim. Para mim, que estava diante dela. O que poderia dizer a ela, eu? Como poderia ajudá-la? Não consegui falar, não consegui fazer absolutamente nada.

O silêncio tinha penetrado no seu relato. Ocupou seu próprio espaço.

— Alguns de nós começamos a chorar. Era a desordem total. Em vista do enorme número de feridos, todos participamos das operações de desembarque, não apenas quem era encarregado. Pegávamos as pessoas e as colocávamos diretamente no embarcadouro. Uma moça desmaiou nos meus braços. Sim, os desmaios. Eram contínuos. E os queimados estavam gravíssimos de verdade.

Remexeu com os dedos dentro do envelope de tabaco. Enrolou um cigarro e o apoiou no centro do envelope.

— Terminado o desembarque, antes de voltar para casa fui à praia em Cala Pisana. Entrei na água e me senti melhor. Sempre uso o mar para me livrar da angústia. Água como purificação. Parece retórica, mas funciona maravilhosamente. Não havia ninguém. Amanhecia.

Havia alguns minutos, durante as pausas, Alberto tinha começado a morder as bochechas por dentro. Naquela circunstância, os dentes não tinham ainda soltado a presa. O momento-polvo não tinha terminado.

— Uma última lembrança. Uma semana depois do desembarque terrível, havia vinte e cinco, trinta mortos no mar. O desembarque no cais, incrivelmente, foi tranquilo. Quem chegou em terra firme não estava agitado, não tinha feridas, não estava em choque. Estavam todos contentes. Foi desembarcado também um rapaz morto que foi deixado estendido no embarcadouro desde o início das operações — foi o primeiro a ser transbordado em terra — sem que ninguém o cobrisse com um pano. É uma ação que se vê repetidamente nos filmes: há uma pessoa morta, cobrem-na com um lençol. Não podíamos intervir, e honestamente não era uma ação que eu gostaria de executar. Para jogar um pano sobre um morto não é preciso nada, por que devo ir eu, quando existe pessoal destinado também a isso? Aquele rapaz está hoje enterrado no cemitério. Chama-se Yassin. Na lápide não há ainda o nome. Se não fosse por nós, que recolhemos informações sobre ele no momento do desembarque, não viríamos a saber seu nome e conhecer sua história. Yassin tinha mulher e uma filha na Suécia, residentes legais, poderia, pois, requerer a reunificação familiar. Mas morreu no mar. Eis um aspecto para reflexão: se essas fossem missões humanitárias verdadeiras, quando há mortos se poderia pensar em recolher informações com os sobreviventes para reconstruir pelo menos o nome de quem faleceu. Isso não é feito. Em troca, começam logo as investigações para saber quem é o barqueiro, de onde partiram. Há uma nítida vontade de *Intelligence* e falta aquela estritamente humanitária. Assim, no túmulo desse rapaz não há nada, umas mãos de cimento e basta.

Alberto reabriu o envelope com o tabaco, pegou o cigarro enrolado e o levou à boca.

— Está na hora, vamos entrar.

A casa era espartana, como toda habitação que se encontra em lugares expressamente de temporada: no centro da sala uma mesa com quatro cadeiras de vime, na parede, duas estantes para os livros, uma velhíssima TV sem o controle remoto num móvel branco, uma pequena geladeira, poucas vasilhas no escorredor de pratos.

Bateram à porta.

Alberto foi abrir.

O mergulhador entrou na sala.

— Nenhuma gravação — foram as suas primeiras palavras.

Era enorme.

***

Estava junto ao rochedo Testa di Polpo.

Papai se encontrou comigo.

O crepúsculo tinha apenas começado.

— Como foi o encontro com o mergulhador?

Os olhos azuis de meu pai estavam parados, tranquilos e acolhedores.

Teria gostado de lhe responder: foi um encontro que me impactou muito, papai, pelas implicações referentes à vida e à morte, pelos dilemas absolutos que surgiram, pelo enorme nível de distúrbio pós-traumático que percebi nele. Defrontar-se com um ator direto do fato me fez questionar tudo: os preconceitos, as categorias, até os pensamentos. Para começar, eu não tinha ideia do que aconteceu de verdade.

E teria continuado assim: as definições não servem para nada, não restituem a complexidade de um acontecimento ou de um ser humano. Talvez, no final, tudo se reduza a um dilema: se há uma pessoa se afogando no mar numa tempestade, quem sou eu? Aquele que se atira, mesmo arriscando a própria vida, ou aquele que, aterrorizado pela morte, fica agarrado à terra firme?

Queria ter dito isso a ele.

Meu pai estava ali, em pé, na minha frente, pronto para receber qualquer consideração minha, qualquer desabafo.

Seus olhos azuis não me julgavam.

Abaixei os olhos.

— Bem, papai, foi tudo bem.

Se ficamos sem falar por tanto tempo não era somente por culpa dele.

Um diálogo se faz a dois. Nessa construção eu faltei.

E faltei a ele.

— E você, o que fez esta tarde? — perguntei-lhe para fugir do silêncio entre nós dois, que agora me resultava insustentável.

Papai começou com a descrição do percurso que tinha feito de Cala Pisana a Porto Vecchio, perambulando pelo vilarejo.

— É cheio de cachorros vira-latas — constatou.
— Fiz umas fotos — continuou.
— Sempre quis ter um cachorro — foi a conclusão da sua trama de pensamentos.

Papai trouxe para perto o display da máquina digital e me mostrou as fotos. Eram cheias de cachorros. Deitados sob a bancada de mármore, aqueles animais eram a única forma de vida no outono de um vilarejo que de outro modo seria espectral. Tinham os olhos fechados e o corpo atirado no chão. Os disparos tinham muita profundidade, com o mar ao fundo, onipresente ponto de fuga. Depois, eis a foto que eu esperava. Era o detalhe de um olho de cachorro. Depois se aproximou dele para capturar sua pupila aberta. Ao centro da pupila via-se ele mesmo ajoelhado, com a máquina fotográfica diante do rosto, flagrado no instante do disparo. Na foto seguinte, a pupila do cachorro olhava em direção a um ângulo abaixo, onde estava o braço de papai. Com a mão estava acariciando o cachorro, causando-lhe uma reação mista de surpresa e reconhecimento.

— Papai, você não se cansou dos cachorros?
— Não, eram bons.

Tive vontade de encostar minha cabeça no seu peito, mas não o fiz.

Papai me mostrou as fotos seguintes: detalhes de paredes gretadas, tufos de ervas-daninhas surgidos nas calçadas, a ferrugem triunfante do esqueleto de uma bicicleta deixada a murchar ao sol por muitos verões.

Depois, de supetão, uma nova sequência de fotografias.

Eu não podia acreditar.

No centro daqueles disparos estava eu. Era eu que aparecia de costas. Ali estava eu, batendo pernas pela rua Roma, falando ao telefone com Silvia e com o tio Beppe, anotando algum pensamento, com a cabeça entre as mãos.

Meu pai tinha me fotografado em silêncio.

Não me dei conta de nada.

Foi sempre assim. De algum modo, papai nunca havia parado de me olhar de costas. Como quando aprendi a andar de bicicleta, eu pedalava pelas ruas de Palermo e ele me seguia de carro, a uns cinquenta metros de distância. É uma das lembranças mais felizes que conservo. Na minha recordação éramos só nós três: eu, ele e a nossa Palermo.

Foi isso para você ser meu pai? Seguir-me em silêncio enquanto caminho entre espinhos e escombros, sem me perder de vista?

Se nunca me tinha dado conta da sua presença, era porque, na nossa relação, sempre tinha dado mais importância ao que faltava, às palavras, em vez de pesar o que sempre houve, o olhar.

Se não intervim, era porque em certo ponto lhe impedi de me ajudar.

— Papai, por que você foi ser médico? — perguntei-lhe, voltando a fixar seus olhos azuis, numa tentativa de diálogo que de repente julguei patética.

Às vezes construímos muros sem nem nos darmos conta.

Tinha sido de fato um dia muito longo.

Papai, porém, começou a um só tempo a sorrir e a enrubescer.

— Por que fui ser médico?

Estava todo vermelho e, no entanto, continuava me olhando fixamente.

— Sim.

Entre o azul dos olhos e o vermelho da face corada, parecia de verdade um garoto.

— Para fugir daquilo que queria ser de verdade: escritor.

O sorriso persistia no seu rosto, como uma libertação.

A água continuava a bater nas rochas, Cala Pisana era toda empapada de crepúsculo, Paola chegou à janela anunciando que o jantar estava pronto, papai já tinha dado a volta e eu permanecia ainda ali, no vórtice do siroco, sem defesa, com o coração partido, trespassado pelo escurecer.

Com frequência ligava para o tio Beppe para lhe falar de algo que me tinha impressionado.

Era fácil falar com ele.

— Sabe o arquipélago das Pelágias? É formado por três ilhas.

— Lampedusa, Linosa e...

— Lampione, uma ilhota desabitada. O nome vem diretamente do grego πέλαγος, *pélagos*, e, cito textualmente, «indica mar sempre em movimento que com suas ondas atormenta incessantemente as margens». Sabia que esse pequeno arquipélago representa o ponto de encontro de dois continentes, a África e a Europa?

— Não.

— Nem eu.

Tinha estudado um pouco da geologia de Lampedusa e tinha aprendido fatos que me deixaram intrigado. Debulhava as informações que tinha anotado com parcimônia, buscando elaborar um crescendo.

— Linosa é Europa, tem origem vulcânica, e de fato é cheia de crateras. Lampedusa, ao contrário, não tem origem vulcânica porque pertence à placa tectônica africana.

— É África? — perguntou o tio com sincero estupor.

Também ele tinha ficado impressionado com essa informação.

Éramos bem tio e sobrinho.

— Sim. Tecnicamente é um relevo da placa tectônica africana.

— Um altiplano surgido das águas — comentou meu tio.

— Que bonito — acrescentou depois. — A ilha mais ao sul da Europa e o continente africano são o mesmo pedaço de terra.

Era uma batalha naval cultural.

Nossas certezas afundavam.

— Segundo o modelo de tectônica das placas, a Terra é como se fosse dividida em diversas peças de um único quebra-cabeça. Cada peça representa um pedaço de terra tectônica. Essas peças estão dispostas juntas umas das outras e se movem, se distanciam, se aproximam, se chocam.

— É como se a Terra estivesse viva — disse Beppe.

— Exatamente. Além do mais, vi um mapa batimétrico do Mediterrâneo, onde estão medidas as profundidades do mar. Na parte que separa Lampedusa da África, o fundo é baixo, trinta metros em geral, às vezes chega até cinquenta. Ao norte da ilha, ao contrário, indo em direção à Europa, a profundidade despenca de repente, cai imediatamente para quatrocentos metros, que chegam inclusive a mil ou mais. Há praticamente um barranco entre os dois continentes, que, porém, está desaparecendo, porque, como você sabe, é um ato de aproximação inestancável: a África e a Europa estão num regime de compressão. Os dois continentes estão se chocando um com o outro.

Caíam os esquemas, os preconceitos desmoronavam.

Do outro lado do telefone, ouvia a respiração do tio ficar mais pesada.

— Quando duas placas se chocam, uma desliza para debaixo da outra, afundando até o manto terrestre. Adivinha qual delas entra em subducção? A placa euroasiática. A Eurásia acabará, fatalmente, debaixo da África.

O tio emitiu um som entre um sorriso e uma tomada de consciência. Um deslocamento que dura milhões de anos. Eras inteiras para sancionar uma separação, eras inteiras para emendá-la. O uso do tempo no Planeta não é limitado como o do ser humano. O inevitável se estende por um longuíssimo período.

— Tudo bem, queria compartilhar esse fato com você.

— Por quê? — meu tio perguntou.

— Porque o que está acontecendo hoje no Mediterrâneo pode ser lido como uma simples antecipação do futuro: o que foi separado está se unindo. O movimento, o deslocamento, a migração pertencem à própria vida do Planeta. Migram os pássaros e migram os peixes, movem-se os mares, deslocam-se as manadas e os continentes.

Acontecerá. Já está acontecendo. A África chegará e se estenderá sobre a Europa e sobre o que resta dela.

— Como um lençol — disse Beppuzzo.

— Como um sudário — comentei.

Nos despedimos.

— Davidù, estou mesmo cansado, me desculpe.

Não acreditava que apenas falar ao telefone pudesse esgotá-lo a tal ponto.

— Tranquilo, tio, e bom descanso.

Eram efeitos da quimio?

Quando terminamos a ligação, segurei o telefone na mão por um tempo, titubeante. Havia algo que não aceitava. Depois, de repente, percebi que o tio não perguntou por que tinha me impressionado com o choque entre os continentes, mas por que tinha sentido a necessidade de compartilhar aquelas informações específicas justamente com ele.

Permaneci sentado ainda mais um pouco, perguntando-me se o tio Beppe fazia aquelas mesmas perguntas a meu pai.

***

Ouvi o nome de Lampedusa pela primeira vez quando era pequeno. Por alguns meses minha mãe foi enviada para lá por causa do hospital, para trabalhar com os meninos que demonstravam grave dificuldade de aprendizagem. Quando ia para lá, papai me levava e a meu irmão — naquele tempo éramos apenas dois dos quatro filhos que seríamos — para almoçar e jantar no restaurante em frente à nossa casa e passávamos todas as tardes no cinema, vendo filmes de ficção científica. Naquela época, desenvolvi o conceito de «ilha de ilha». Nós éramos a Sicília, e Lampedusa, mesmo mantendo a peculiaridade própria das ilhas, a solidão advinda de sermos circundados pelo mar, era um fragmento, um satélite longínquo que orbita em torno da casa-mãe, como as Eólias, as Égadas, como os farelhões de Scopello. Ilha de ilha. Minha mãe depois me confirmou: em Lampedusa falavam a nossa língua, comiam nossos alimentos, falavam nossos palavrões. Na volta de suas viagens, magnificava continuamente sua beleza áspera.

— Não se acha uma árvore. Tudo é árido, árido, árido.

Estendia-se sempre na descrição do mar.

— É comovente.

Nas suas palavras havia a ideia platônica da transparência.

Trinta anos depois, quando Lampedusa se tornou um símbolo no imaginário global, a memória de minha mãe recuperou um fragmento daquele período de trabalho.

— Um dos meninos me impressionou profundamente. Tinha um olhar penetrante e era resistente ao estudo. «Para que me serve estudar?», respondia sempre com desprezo, imóvel diante da folha aberta e do lápis apontado. Não queria mesmo aprender a ler e escrever, recusava-se até a segurar o lápis. Queria apenas ir embora e pescar com o pai e o avô.

Foi encontrá-lo em casa e descobriu que tocava violão muito bem. Tinha aprendido com o tio. Minha mãe, depois de conversar com o diretor e os professores da escola, convenceu todos os docentes e o menino a estabelecerem o seguinte compromisso: o garoto daria aulas de violão aos companheiros, ensinando-lhes acordes e notas, e em troca tentaria escrever. Um *do ut des*:[2] ele sabia tocar, os outros sabiam escrever, entre amigos é justo aprender mutuamente.

Nas tardes passadas juntos, o garoto tinha contado à minha mãe das manhãs que transcorria agarrado à rocha, tentando capturar um caranguejo com as mãos, confidenciando-lhe o que lhe passava pela cabeça durante a espera do crustáceo. O horizonte para ele era uma linha de terra e areia, portanto, ao norte de Lampedusa a linha era a Sicília, enquanto ao sul era a África inteira. Disse-lhe depois que no futuro teria um barco e o batizaria de

[2] Dou para que dês. [N. T.]

Cerni, como a rainha dos peixes, e iria pescar todo santo dia, menos nos fins de semana, os quais se passa em família, com a mulher e os filhos, e durante a pescaria, ao meio-dia, quando os peixes estão acordados e veem as redes, então ele iria dormir em terra firme, porque os sonhos sonhados no mar se perdem na noite, e se deitaria em qualquer praia, ora na Sicília, ora na África, de acordo com o vento e as correntes e antes de adormecer teria sempre seu olhar voltado para sua casa, Lampedusa, que era um botão que unia no mar dois continentes distintos.

***

A primeira vez foi no verão de 1991. Meus pais tinham viajado com meus irmãos para umas férias nas Dolomitas, eu preferia o mar e fiquei sozinho em Palermo. Um dos meus amigos lembrou que tinha um primo em Lampedusa com uma casa, no seu dizer, acolhedora, e assim, sem pensar muito, enchemos as mochilas com óculos de mergulho, toalhas de praia e embalagens de seis cervejas em lata. Em escassas seis horas chegamos a Porto Empedocle de vespa desde Palermo. Embarcamos à noite e aportamos de manhã em Lampedusa. Lembro-me muito pouco daquela viagem. A nítida impressão de me achar numa extensão da Sicília, mas era uma Sicília parada trinta anos antes, como deveria ter sido no tempo de meus pais, quando mamãe vestia saias floridas e meu pai usava óculos de grau com armação preta. A casa em que ficamos era pequena e nada confortável. Dormimos sete no chão, com os sacos de dormir abertos e os travesseiros espalhados. Tínhamos dezessete anos e a musculatura das costas era ainda muito elástica, assim como a do coração: sofria-se a dor do abandono, trocava-se um olhar amigável e a dor desaparecia das costas e do peito. Fazia um calor atroz: «Porra, mas onde estamos? Na África?», repetíamos sempre, estourando de rir.

O vento, quando aumentava, explodia dentro da cabeça.

— Mas que porra é essa?

— Libeccio — disse o pescador.

— De onde vem?

— Libeccio, Líbia.

— É de matar.

Não era vento. Era uma ostentação de poder. Somente debaixo d'água se conseguia escapar daquela ditadura.

Comemos pão e azeitonas por três dias, a única refeição que nos podíamos permitir. Procuramos repetidamente um lugar para dançar, sem encontrá-lo. Nenhum barco nos levou para navegar em volta da ilha porque estavam todos empenhados em pescar. Fracassamos miseravelmente em qualquer abordagem ao outro sexo.

— O que fazer? Vamos voltar? Mondello é melhor para isso.

— Vamos.

Não houve entre mim e a ilha uma paixão à primeira vista. Parti sem saber quando e se voltaria, a grande porta da balsa se fechava às minhas costas e eu nem olhei para trás, nenhum até logo, nenhuma saudação romântica. Lia o último número de *Dylan Dog* e cantarolava *Have you ever been (to Eletric Ladyland)* para me dar um tom. Devorado pela ânsia do exame de seleção do verão seguinte, e pelo terror de ficar sozinho por toda a minha vida, queria apenas encontrar dois lábios vermelhos que me consumissem e desejava com todo o meu ser compor uma grande canção de protesto com um vibrante solo de guitarra elétrica. Aqueles três dias se limitaram a uma ponta no mapa mental dos lugares sicilianos: Lampedusa, vista, vamos ao próximo.

Palermo, naquele verão de 1991, era uma besta feroz, pronta ao massacre por uma vaga de estacionamento ou um olhar enviesado.

Presa aos pontapés, tinha os nervos em frangalhos.

Mesmo de joelhos, arranhava todo mundo.

Minha mãe ao telefone repetia as habituais coisas de mãe: «As mulheres dolomitas são lindíssimas, todas vestidas de tirolesa, tanta relva que parece um lago. Você, tenha cuidado quando sair. Está tomando banho? A casa está limpa? Está comendo? Está lavando os pratos ou na volta vamos encontrar um inferno?».

De repente, uma mudança imprevista.

— Espera, te passo seu pai.

Ele também deve ter sido pego de surpresa, pois ficamos ambos mudos pelos primeiros vinte segundos, escutando um a respiração do outro.

Afinal nosso diálogo entrou em cena.

— Oi, papai.

— Oi.

— Como vai nas Dolomitas?

— É montanha.

— Eu fui a Lampedusa.

— Como é que é lá?

— É mar.

— Bem, então.

— Quem sabe um dia o leve.

— Quem sabe.

— Então, tchau.

— Tchau.

Quando não sabíamos o que dizer ao telefone, eu e papai assumíamos a mesma postura física: a mão esquerda no bolso, os pés firmes no chão, o corpo que balançava nervosamente para a frente e para trás, a mão direita a triturar o fone, como implorando que ela mesma terminasse a comunicação. As emoções se imprimiam nos nossos corpos, de maneira idêntica. Para ele também, exatamente como para mim, a respiração devia parar no momento em que sobrevinha a angústia, um golpe nas costas, uma contração à altura das omoplatas e, logo depois, a explosão de uma dor de cabeça impossível de controlar sem um analgésico. Éramos duas páginas distintas redigidas pela mesma grafia. Era isso ser pai e filho? Duplicar no corpo as emoções e sucumbir a elas?

***

Eu continuava a voltar a Lampedusa.
Tio Beppe nunca tinha ido.
Ele gostaria tanto de nadar aqui, eu pensava, enquanto olhava Cala Pisana, prometendo a mim mesmo que, assim como fiz com meu pai, também o traria à ilha.
— Um dia viremos juntos — tinha-lhe dito ao telefone, em tom fanfarrão.
— Quando me curar — tinha respondido, trazendo-me com apenas três palavras de volta à realidade

***

Assisti a mais de vinte desembarques.

Um durou de meia-noite a uma e quarenta. Eu estava na parte mais alta do cais Favaloro com um oficial da Guarda Costeira.

Disse a mim mesmo:

— Depois de anos, acontece-nos algo semelhante à pele exposta ao sol. Quando endurece, torna-se uma couraça. Mas é o que há dentro que importa de verdade. Falamos de *pietas*, de seres humanos, de uma tentativa desesperada de reduzir o número de mortos no mar a zero. Uma batalha louca, a nossa, como a de dom Quixote. Mas a combatemos todo santo dia.

A patrulheira encostou, ancorou, as operações de desembarque começaram.

Acrescentei:

— Nada mais bonito do que ver as crianças chegarem, vivas.

Enrolada num manto, uma pequenina de menos de dois anos. O mergulhador gigante que encontrei na casa de Alberto a carregava. A menininha não chorava, estava serena, dormia.

Depois começaram a desembarcar as garotas.

Eram quase todas nigerianas, muito jovens.

Podiam ter de doze a quinze anos.

Eram duzentas e trinta e sete.

***

Um dia inteiro cor de chumbo é como nos presenteia fevereiro.

Quase fazia frio em Cala Pisana.

A noite estava se empoderando do horizonte.

Peguei o telefone e disquei um número, enquanto esperava que Paola ou Melo chegassem à janela para me dizer que o jantar estava pronto.

— Oi, papai.

— Ei, como você está?

— Outra vez em Lampedusa.

A posição no tabuleiro do mundo como única resposta possível.

Eu sou uma geografia.

Tenho o estado de ânimo da ilha.

Era tudo assim desfocado.

Para começar a ordenar meus pensamentos, precisava de um detonador.

Na cabeça ribombava o grito do mistral.

Sozinho não conseguiria.

Quando eu era pequeno, fui picado por três marimbondos na omoplata esquerda. Mamãe segurava minha mão, eu mordia o travesseiro e papai tirava os ferrões usando agulha e faca.

Naquele inverno lampedusano foi preciso papai para extrair os novos espinhos que me angustiavam. Me perguntou:

— Quem encontrou hoje?

Sozinho eu não era capaz de me salvar.

Assim rendi minhas armas, nomeando a primeira imagem que me veio à cabeça, sem refletir, sem elaboração, embora sentisse vergonha porque dizia muito mais de mim do que queria deixar transparecer.

— Papai, conheci um samurai.

***

Tinha quarenta e quatro anos. Comandante da Guarda Costeira, pilotava uma patrulheira classe 300. Sua rotina e a do resto da tripulação se podia resumir facilmente: sair para o mar a qualquer hora do dia e da noite, com qualquer condição meteorológica, apenas recebido um pedido de socorro. Quando não estava no mar com seus homens, treinava em terra. Disse:

— O treinamento ajuda a enfrentar a vida. A aguentar o cansaço, a suportar o sofrimento. Treinamos para nos torturarmos o menos possível. A nossa tortura são todas as pessoas que não conseguimos salvar.

Era um feixe de nervos.

Exercia a profissão havia vinte e seis anos.

— Trabalhamos, sobretudo, para fortalecer o peito e as costas, inserindo exercícios para tal efeito no treinamento. Durante os resgates, as pessoas que caem no mar

não conseguem mais mover as pernas, ficaram imóveis
nas barcaças por muitas horas na mesma posição. Estão
arqueadas, desidratadas, às vezes desmaiadas. Certa
manhã tiramos da água mil e trezentas, só com a força
dos braços, uma depois da outra, um corpo de cada vez.
Durou horas.

    A pele era escura pela contínua exposição ao sol.

    Na testa acampavam rugas sutis, como sulcos escavados pelo vento.

    Tinha um porte majestoso de nobre guerreiro.

    É um samurai, pensei.

    Um samurai no comando de uma patrulheira em pleno mar Mediterrâneo.

***

— Como se chama? — papai perguntou ao telefone.

— Giuseppe — respondi de volta.

— Como o tio — disse papai, antes de entregar-se a um silêncio emocionalmente importante, despudoradamente narrativo. Ao chamar seu irmão de «tio», meu pai me conferia um papel — o de sobrinho — na relação fraterna de ambos, e ao mesmo tempo interpunha um pouco de distância entre os dois. Meu pai estava verdadeiramente preocupado com o tumor que tinha invadido o corpo de Beppe. A única vez que o vi assim apreensivo foi quando eu tinha acabado de fazer catorze anos e estava morrendo com uma broncopneumonia com reação alérgica. Naquela tarde de abril, cheguei a 41 graus de febre. Delirava. Não controlava mais a musculatura. Mamãe e papai imediatamente tiraram minha roupa, espargindo meu corpo com álcool. Funcionou. A temperatura baixou e eu não morri. Daquele dia conservo apenas duas lembranças. Na primeira, minha mãe me dá de comer, estava tão fraco que não conseguia levantar os braços. Comi uns gomos de laranja. Na segunda está meu pai: está me presenteando com um CD, *Miramare*, de Di Gregori e, ao me dar, a mão lhe treme. Uma angústia palpável domina seus olhos azuis. Mesmo a postura do seu corpo é diferente da habitual: longas pausas de imobilidade se alternam com rápidos movimentos de arranque. O perigo que eu morresse tinha passado, mas o medo então já se lhe tinha insinuado, acentuando-se a cada respiração, erodindo-lhe as certezas, esmagando-lhe as ilusões, confinando-o no violentíssimo segmento da vida no qual se compreende claramente que às vezes também morrem os afetos mais caros.

O samurai tinha dois filhos, um menino e uma menina. Sua mulher estava grávida de novo: uma dupla de gêmeos.

— Quando estou no mar me desconecto, distanciando-me de tudo. Prefiro não pensar. Nesse contexto, se você pensa na família, enfraquece. Praticar esporte ajuda bastante, permite reprogramar-se: me desconecto até que haja só eu e meu objetivo: salvar pessoas.

Não mudava de posição, a coluna ereta, os braços cruzados.

— Nos primeiros anos, éramos muito espartanos. Pegávamos tudo com as mãos nuas. Hoje operamos com macacões, máscaras, luvas. Há regras necessárias, uma entre todas: antes de iniciar o transbordo, a situação deve estar sob controle. As pessoas querem subir todas juntas, no mesmo instante. Elas se empurram, dão safanões, se debruçam. Arriscam virar a embarcação. No mais, além do número visível na superfície, esses botes estão lotados até no porão. Eis por que um membro da equipe pula na barcaça e coordena as operações: para cada pessoa embarcada da coberta, deve sair uma do porão. É absolutamente prioritário que o equilíbrio por si só já precário da barcaça seja mantido o mais estável possível. Quase sempre, logo que sobem na patrulheira, há desmaios. São pessoas exaustas, não aguentam mais. Quando o veem, procuram sobreviver até o fim, disparando a última adrenalina que têm no corpo. Depois, uma vez a bordo, vem o esgotamento. Reanimamos muitos deles na patrulheira.

Não mudava o tom de voz nem o ritmo da respiração no peito. Era como se também tivesse treinado a caixa torácica para conter toda a angústia.

— Pode acontecer de as barcaças virarem. Afundam em pouco tempo. Às vezes o mar está cheio de corpos já no momento da nossa chegada. Às vezes os corpos n'água estão vivos. Às vezes não. Tudo se reduz a uma questão de tempo, de velocidade, de sorte. Quando um corpo afunda, ora você o vê dar braçadas, ora não o vê mais. É um segundo.

Se meu silêncio ao telefone se fazia muito longo, meu pai anuía sonoramente. Eu o imaginava sentado na poltrona, no escuro da sala e com os olhos fechados. Sentia que ele tinha mil perguntas na cabeça, mas se continha porque eu ainda não tinha terminado. Porém eu estava cansado, precisava de uma pausa, precisava que noutro lugar ardesse a chama da ansiedade.

— Falou com o tio Beppe? — perguntei.
— Sim.
— Quando?
— Na semana passada.
— E como te pareceu?
— Que estava um pouco melhor.
— Por que não lhe telefona? — insisti.
Papai estava num beco sem saída.
— Eu sei, você tem razão.
E deixou que fosse o silêncio a dizer o que sua voz não conseguia exprimir. Telefonava para seu irmão tão

raramente porque temia muitíssimo a possibilidade, bastante concreta, de receber más notícias. Embora não morassem na mesma cidade nem na mesma região — papai morava em Palermo, tio Beppe na outra parte do Estreito, em Reggio Calabria, no «Continente», como dizemos nós, ilhéus, de quem está num outro lugar que não é uma ilha — meu pai preferia entrincheirar-se no próprio trono de silêncio, usando-o como defesa contra o medo da morte. Se não chegam más notícias é porque tudo está indo bem, diz o dito popular. Papai o tinha convertido num credo. Aquele silêncio era berço e escudo, esperança e prece.

— Mas, se você ligar, tio Beppe vai ficar feliz — insisti.

— Tem razão — sua resposta era uma simples, embora desolada, constatação.

O mistral rugia, o mar em frente engrossava, logo estaria escuro.

Baixam sempre antes as trevas do inverno.

— Num dos últimos resgates, quando chegamos ao lugar, as pessoas já estavam todas no mar. Eis a enésima tragédia, pensei. Era um cenário muito semelhante a outros que tinha vivido. Com a segunda unidade, de repente lançamos n'água os meios coletivos de salvamento, balsas, jalecos, salva-vidas, onde estava concentrado o maior número de pessoas. Dissemos que ficassem calmos, nós nos estávamos distanciando, mas iríamos retornar o mais breve possível. Esse momento é sempre terrível. Tão logo veem que você se distancia, o medo os devora. Agitam-se. Arriscam-se a afogar. Mas não podíamos ficar parados lá. Voltamos a navegar em direção aos pontos extremos do naufrágio, nós numa ponta, a outra unidade, na oposta. Havia pessoas espalhadas pelo mar num raio de três milhas no espelho d'água.

Eis o sentido da parábola da ovelha perdida, pensava. Confiar que o rebanho não se afogue enquanto se tenta recuperar quem foi levado embora pela corrente. Havia todo o catecismo que estudei quando criança naquelas palavras. Retumbava na minha cabeça e no meu peito porque era um exemplo concreto. A parábola, finalmente, se fez carne. Estava toda ali, no cansaço dos músculos para recuperar os corpos, no cuidado com que se perscrutam as ondas para não perder de vista nenhuma vida, no esforço para manter calmos os nervos, de salvar quem se perdeu no mar.

— Começamos a tirar as pessoas da água, uma a uma, concentrando-nos nas duas extremidades até nos reencontrarmos no ponto no qual tínhamos lançado as primeiras balsas. Resgatamos todos, todos. Eram cento e cinquenta e seis. Infelizmente, não conseguimos salvar um. Fizemos até massagem cardíaca a bordo, mas estava claro que tinha perdido todo o resto de força.

A recontagem dos vivos e a recontagem dos mortos. A origem do tormento, a causa da batalha.

— Certa manhã tiramos do mar um rapaz que não respirava mais. Seu coração não batia. Até o médico o dava por morto. Um dos meus rapazes, aquele que o tinha resgatado materialmente do mar, afirmava ter advertido sobre o seu pulso, leve, quase imperceptível. Começou a fazer-lhe massagem cardíaca. Não sei o que lhe passou pela cabeça, mas fez a massagem cardíaca por vinte minutos seguidos, no meio do mar, ao voltar de uma operação na qual resgatamos cento e cinquenta e oito pessoas vivas, de cento e cinquenta e nove, e a única que parecia não ter conseguido era justamente a que ele estava tentando reanimar, contra toda a lógica. Vinte minutos ininterruptos de massagem cardíaca. Um tempo enorme. Não sei de onde meu rapaz recuperou as energias para insistir tanto tempo. Estávamos todos exaustos. E sabe o que aconteceu? Funcionou. Conseguiu reanimá-lo. Aquele homem dado por morto foi reanimado. O coração tornou a bater. Ninguém conseguia acreditar. O veredicto do médico de bordo foi: «Ele o ressuscitou».

O samurai sorriu e o que eu via era o pastor que pensava no rebanho e se mortificava por aquela única ovelha extraviada.

— Há algo que me perturbou muito, papai.

A respiração de meu pai tinha mudado de repente. Tinha começado a respirar como médico. Dissolveu o prognóstico na forma de pergunta.

— Para você parece que ele sofre de estresse pós-traumático?

— Não — respondi logo.

— Não sei — me corrigiu.

— Talvez sim, creio que sim — me retratei.

Não tinha a menor ideia.

— Suas palavras eram espirais no abismo. Era como se eu estivesse diante de um veterano de guerra. E aquele corpo treinado, os olhos imóveis, eram um testemunho físico da batalha ainda em curso, além do horizonte, onde se consuma uma carnificina sem trégua. Sobre ele estavam escritos os sons e os odores da guerra. Não sei como te dizer melhor, papai, me desculpe.

— Não há nada a desculpar.

Sentei-me na mureta da varanda e segurei a cabeça com a mão direita. Com a palma apertava o olho. Expirei sonoramente, com profunda lentidão. Depois inspirei por um tempo maior ainda.

— Acho que minha perturbação deve ter sido provocada pela quantidade de mortes que li no seu rosto. É um testemunho direto da parte sombria da história. Ele e seus colegas lutam todos os dias, mas não contra o mar ou contra o tempo, não. É um desafio contra a própria morte.

E um enfrentamento assim não pode senão lhe marcar o rosto, a pele, a respiração, o olhar.

— Que sentimento te inspirou?

— Respeito e gratidão, papai. Tive vontade de abraçá-lo. Não o fiz. Sinto muito.

Ao comandante da Capitania do Porto perguntei qual foi o momento mais difícil vivido em Lampedusa. Esperava uma história plena de tragédia e heroísmo, com o apocalipse no mar como cenário.

— Quando um dos nossos faleceu por doença — foi a resposta.

Relatou todas as tentativas feitas para que o colega recebesse os melhores tratamentos, a busca de especialistas, os feriados dispendidos para visitá-lo no hospital, o suplício dos últimos dias da doença, a dor inconsolável da família, a consternação do grupo inteiro.

— Não era imaginável que pudesse morrer. Era um rapaz de bom coração, sempre alegre. Era um dos nossos.

O espírito de grupo encontra-se sobretudo entre aqueles que vivem experiências emocionalmente devastadoras como a guerra. Os soldados lembram a excepcionalidade das relações que nascem e crescem sob as armas. Formam-se num tempo brevíssimo. São luminosas como uma labareda. Em ocasiões extraordinárias desabrocham ligações extraordinárias. E, de qualquer forma, de um modo distorcido, mas não por isso menos real, os soldados ficam ligados à guerra, ou melhor, àquela particular e feroz condição que faz atingir máxima intensidade a ligação com as pessoas do próprio grupo. Um terrível amor pela guerra, no qual se desenvolve um espírito de fraternidade irrompível, afiançado pelo fato de salvarem a vida uns dos outros. São sentimentos que possuem tal carga, uma tal potência que, às vezes, não é possível igualá-los ao longo da vida. Assim, a existência que vem depois da guerra pode não bastar para reviver a intensidade daquelas emoções.

Não só o amor sanciona os vínculos.

A violência também os cria.

A guerra os engendra, Πόλεμος (*pólemos*) é o pai de todas as coisas.

Os tripulantes trabalham a partir do visível, antes que o corpo seja engolido pelas águas. Habituados a salvar vidas, quando um deles — um salvador — morre por uma doença, deve-se render à evidência de que se é impotente contra o que é invisível. Todos os treinamentos do mundo às vezes não são suficientes. A doença rasteja sob a superfície. Toma o corpo por dentro, como um peso interior que arrasta até o fundo, inexoravelmente.

Numa teologia da matéria, o que lhe pode salvar se é a própria matéria que lhe come a vida?

É essa impotência que o médico experimenta quando lhe morre um paciente, quando falha um tratamento, quando volta a adoecer por causa de um tumor um irmão que, no entanto, já tinha vencido um câncer?

Assiste-se impotente ao naufrágio, e é como se a água entrasse dentro de você.

O samurai disse:
— Contar ajuda, seguramente, mesmo que apenas para se livrar de tudo que se leva dentro de si. Eu, porém, sinceramente, não o faço nunca. Nem para minha mulher. Angustiá-la também não seria justo. Ela repete sempre: «Você nunca fala do que acontece no trabalho», mas eu prefiro mantê-la à parte. Bem, gosto que os meninos saibam qual é o trabalho do pai. Para eles é até motivo de orgulho, falam sobre isso com os companheiros quando ouvem as notícias do telejornal. Eu, porém, não acrescento nada. Entre os colegas fazemos sempre um *briefing* depois da operação para saber se poderíamos melhorar alguma coisa. Discutimos o caso em si. Não se vai mais além, evitamos. Agora que a máquina está completa, em setembro será a troca de pessoal, eu terminarei minha experiência aqui, virão outros. Vou embora deixando uma família, os rapazes com os quais vivi vinte e quatro horas por dia. O que enfrentamos estreitou ainda mais os nossos laços.

O samurai mudou de posição. Virou para olhar o mar. Tínhamos chegado ao último capítulo, em que o guerreiro mostra o peito e desvela qual é de fato o campo em que se trava a batalha.

— Só uma vez tive um segundo de fraqueza. Em 3 de outubro estava no primeiro barco saído para o mar assim que foi recebido o alarme. Depois de termos resgatado os vivos, recolhemos os cadáveres que boiavam. Uma semana depois, em 11 de outubro, houve outro naufrágio, mar adentro. Mesma situação, mesmo suplício: foram resgatadas tantas pessoas mortas, e acontece de novo, depois de uma semana, depois que você acreditava ter visto tudo. E, no entanto, você se vê revivendo a mesma cena.

O treinamento, o espírito de grupo, o orgulho não serviam mais.

O peito estava descoberto.

Coração, meu coração, quantas flechas ainda irão transpassá-lo?

— Aqueles que fomos resgatar em mar aberto eram sírios... tinha uma menina no mar... igualzinha à minha filha... boiava na água... carreguei-a nos braços... era idêntica... naquele instante me achei revivendo a situação... era igual à minha filha... o corte do cabelo... os mesmos traços... me perturbou muito... fiquei bloqueado alguns minutos... era igual à minha filha... faço força para não pensar mais nisso... nunca mais...

O sol tinha começado a se pôr ao longo da linha do horizonte.

— O que você vai fazer longe daqui?

— Estarei com minha família. Navegarei em frente à minha casa.

— Você não consegue ficar longe daqui.

— É meu trabalho, mas não só. Tenho um enorme respeito pelo mar. As coisas mais bonitas que vi na vida são o crepúsculo e a aurora no mar, luzes tão intensas que te fazem apreciar ainda mais nosso trabalho. Às vezes me digo: eis um motivo pelo qual o fiz, para conservar na memória essas fotografias que permanecem dentro de mim pelo tempo afora.

Na hora da despedida, inclinou um pouco a cabeça, como se faz no Japão. É assim que se cumprimentam os guerreiros.

Em Cala Pisana a noite tinha caído.

O céu estava escurecido pelas nuvens.

Não se via nenhum reflexo das estrelas.

Não havia luzes no mar.

Nenhum brilho diante dos olhos.

— Você fez bem em fazê-lo falar.

A constatação de meu pai me pegou de surpresa.

— Te parece?

— Sim.

Era uma espiral, uma corda jogada, um modo de pedir: «Faça-me falar também».

Gostaria de me usar, filho, como um pai, ou como um irmão maior. Mas em volta de mim havia a escuridão do inverno e eu estava em frangalhos.

— Papai, Melo apareceu na varanda, o jantar está pronto.

Meu pai ficou em silêncio um átimo, o bastante para fazer um segundo pedido de socorro.

Sua respiração tinha mudado de novo.

Entre a sístole e a diástole, voltou a ansiedade.

— Então, tchau.

Demoramos ainda um pouco, em silêncio, com o telefone nas mãos, cada um diante do próprio vazio, como duas embarcações que de noite em alto-mar apenas se roçam, para depois seguirem viagem sozinhas.

Há uma foto de meu pai que amo de modo especial. Estão retratados, no alto de uma encosta, uma ao lado da outra, uma ruína e uma árvore, talvez uma azinheira, ou uma pereira. É uma foto em branco e preto. O céu, indiferente às vicissitudes terrenas, é um fundo imóvel, atravessado por cirros que se desfibram, semelhantes a talhos nervosos numa tela. Mais abaixo, apenas mais além da borda do cume, nuvens brancas esparsas criam a ilusão de vertigem. À primeira vista parece que a foto tenha sido tomada do alto, mas é um pequeno triângulo escuro, abaixo à direita, que revela a presença do mar justamente embaixo, mostrando assim que estamos numa colina. Os pontos de maior intensidade da foto são a copa da árvore e as janelinhas da ruína.

Nesse pequeno cenário imóvel, como imóvel é a Sicília, o mundo, a própria vida, a ruína e a árvore se acham próximos, companheiros de cena.

Mostrei a foto a Silvia.

— É potente.

— Me faz pensar na minha relação com papai.

— Certo — disse ela. E depois me desestabilizou: — Você e seu pai aprenderam a fazer companhia um ao outro em silêncio, exatamente como a árvore e a ruína. Pense como é bom agora que seu pai recorre às fotografias e você emprega palavras escritas: vocês têm os instrumentos para se protegerem mutuamente e se apoiarem um ao outro. E, quem sabe, continuando assim, vocês conseguirão falar, como pessoalmente acredito que já ocorra entre a árvore e a ruína, longe de olhos indiscretos.

Paola tinha preparado camarões e salmonetes.

— Você não está com fome?

— Dá para perceber?

— Normalmente você come qualquer coisa.

A lua tinha começado a rasgar as nuvens varridas pelo mistral. Não são infinitas, as nuvens. Antes ou depois, acabam sempre. A lua estava vermelha de fora da janela, e quente era seu reflexo na porção de mar da enseada.

Paola sorria enquanto acendia o cigarro.

— Sabe quando comecei a entender o que estava acontecendo, Davidù? Foi graças a um curdo que desembarcou na ilha. Lembra, Melo?

— Porra, inesquecível. Era muito esperto — respondeu Melo, antes de beber de um só gole um copo inteiro de cerveja.

— Devia ter uns quarenta anos, era professor de alguma matéria científica, química talvez, não me lembro bem desse particular. Tinha vindo tomar um café aqui conosco. Ríamos e brincávamos, um pouco em inglês, um pouco em francês. À certa altura o curdo nos contou uma piada. Escutá-la foi como abrir os olhos: apesar de tudo — a prisão na Líbia, a travessia alucinante que tinha enfrentado durante dias e dias, a família abandonada em casa —, pois isso, o fato de que estivesse contando uma piada me fez compreender que essas pessoas não eram abstrações ou títulos de jornais, eram seres humanos de verdade. Sei que pode parecer forçado, mas não é, acredite. Sei também que eu mesma não fico muito bem na história, mas foi preciso uma piada para que eu me desse conta de que tinha uma narrativa completamente equivocada do que estava acontecendo.

Melo havia passado para o sofá, enquanto o cigarro se consumia entre os dedos de Paola. Uma longa coluna de cinza caiu no cinzeiro, fragmentando-se ao impacto.

— Antes eu era levada a ver apenas a carga de sofrimento deles, os corpos magros, as manchas, as cicatrizes, os olhos assustados, olhava para essas pessoas de um pedestal, entende? De uma posição na qual elas, justamente porque recebem ajuda aqui, estão e estarão sempre em desvantagem. E, ao contrário, naquele momento, durante a piada, comecei a intuir a profundidade das histórias de cada pessoa singular que transitava por aqui. Claro, não podia entender nada da dor daquelas experiências, mas tinha apenas compreendido que era e é um erro gigantesco tratá-las de maneira tão obtusamente paternalista. Há outras coisas além do desespero. Há a vontade de resgate e de uma vida melhor, há as canções e os jogos, os desejos de alguma comida em especial e a vontade de se divertir com os outros. Bem, a piada é a seguinte: um curdo morre e é mandado para o inferno. Ali passa o tempo chorando. Aparece um anjo e lhe pergunta: «Curdo, por que você está chorando?» O curdo responde: «Não quero ficar aqui». O anjo decide intervir: «Está bem, venha comigo». E leva o curdo com ele para o Paraíso. Ali, logo que se instala, o curdo recomeça a chorar, desesperado, sem parar mais. Apresenta-se então o bom Deus em pessoa: «Curdo, por que você está chorando?», pergunta.

O curdo responde: «Não quero ficar aqui». E Deus lhe diz: «Não está bom nem no Paraíso? E para onde você quer ir?». E o curdo responde: «Para a Alemanha».

Há uma expressão no meu dialeto, «*calare 'u scuro 'mpetto*», baixar a escuridão no peito, que indica um estado de ânimo particular: quando o desgosto toma conta e se apodera totalmente da pessoa. No dialeto palermitano, o peito é uma zona do corpo bastante ampla, vai da garganta aos braços, até embaixo do estômago. É a primeira parte do ser humano a se impactar com as vicissitudes da existência. É no peito que ocorrem as emoções da vida. Há o coração, por exemplo, que seca. Diz-se «*mi siccò 'u cori*» quando se descobre algo tão doloroso que anula a essência mesma da vida, a água, que cessa de fluir nessas latitudes. Quando baixa o escuro no coração, cada aspecto da existência vê-se prisioneiro de trevas profundas e áridas. Imerso no escuro, não se acredita que haja alguma possibilidade de redenção, ausente no horizonte o cometa que indica a via de fuga daquele sofrimento.

E depois existe o movimento contrário, quando o escuro vai embora porque «*'a tavola d'u petto si gràpe*», o peitoral se abre e se «*gràpe puru 'u core*», se abre também o coração, deslocando a caixa torácica enquanto as costas se abrem num abraço, para fazer entrar a luz e o ar, porque a felicidade só existe se for livre.

A piada do curdo começou a dissipar minhas trevas.

— Vamos, Davidù — disse Melo —, não encha o saco e tome um gole de cerveja comigo.

Me fascinava completamente esse seu interagir sem filtros, sem calcular as consequências. Estava cansado da matemática nas relações humanas.

Na última vez que fui seu hóspede em Cala Pisana, o quarto do outro lado do pátio estava ocupado por um casal em férias, ele, cego desde os primeiríssimos anos de vida, ela tinha conseguido enxergar até fazer dez anos de idade. Tinham um computador com o qual interagiam por meio do reconhecimento vocal.

Até aquele momento, eu não acreditava que os cegos saíssem de férias sozinhos.

Melo escutava suas histórias de boca aberta. Por três dias os deixou falar, sem piar. Depois, durante o café da manhã, fez-lhes uma pergunta direta:

— Mas vocês sonham?

Tinha ruminado a pergunta durante dias.

— Sim! — responderam marido e mulher, em coro, rindo, contentes que não houvesse embaraço.

— E com o que vocês sonham?

O casal também deu a nova resposta ao mesmo tempo.

— Sonhamos com sons, cheiros, sensações táteis.

Graças ao descaramento de Melo se me abriram perspectivas que nunca tinha imaginado e nas quais o sonho é uma melodia, é o odor do tronco da oliveira conhecido na infância, é a maciez da seda ao longo da curva das costas, é o sabor de cereja de um beijo que se pensava perdido.

Paola tinha acabado de pôr no fogo a cafeteira da noite.
— Quando é que você volta aqui com seu pai?
— Por que, eu só não basta?
— Não, seu pai é melhor — responderam em coro ela e Melo, gargalhando.
— Logo, logo, talvez traga meu tio também.
Ainda não podia saber, mas com papai voltaria a Cala Pisana onze meses depois de nossa primeira e, até agora, única viagem juntos, pela ocorrência de 3 de outubro, quando no mar se continuava a morrer e o linfoma de tio Beppe se tinha agravado.

— Como estava a médica do Cisom? — perguntou Melo, rompendo o silêncio. Cisom é o acrônimo de *Corpo Italiano de Socorro da Ordem de Malta*, órgão civil de voluntariado que em Lampedusa se ocupa de oferecer suporte médico nas embarcações da Guarda Costeira e da Marinha Militar para prestar os primeiros socorros no mar.

— Estava perturbada. Como todos os outros que vou conhecendo. Como os que vivem na ilha. Como estão perturbados vocês também.

Paola se levantou para desligar a cafeteira, levando-a ao centro da mesa, Melo terminou a cerveja bebendo-a diretamente da garrafa. A copa era acolhedora, eu tinha a enseada à frente, o perfume do sal marinho enchia o ar e eu sentia falta de meu pai.

A médica se chamava Gabriella. Tinha menos de trinta anos, o ar desenvolto, os modos gentis e uma tragédia para deixar para trás.

— A bordo das patrulheiras nós do pessoal da Cisom somos dois: um médico e um enfermeiro. Se não há feridos graves, examinamos primeiro as crianças, depois as mulheres e, por fim, os homens. Frequentemente encontramos mulheres grávidas. Num dos resgates eram muitas, uma dúzia pelo menos, do segundo ao oitavo mês de gravidez.

A maior parte daquelas gravidezes é fruto de estupro.

É sempre pior ser mulher na parte errada da fronteira.

— Os homens habitualmente têm contusões, deslocamentos, fraturas causadas pelas torturas sofridas nos cárceres líbios. Alguns têm ferimentos de armas de fogo. Atendemos um rapaz de muleta, ferido por uma bala na perna. Viam-se claramente os sinais do buraco de entrada e o de saída. As pernas são a parte mais atingida por armas de fogo, mas ocorreu de atender rapazes com feridas análogas nas costas e nos braços.

Melo se levantou, pegou duas cervejas, abriu-as e colocou uma à minha frente.
Paola disse:
— Estou cada vez mais convencida de que para os médicos embarcados nas missões no Mediterrâneo as condições de trabalho são semelhantes àquelas de uma zona de guerra.
— Você está cercado de médicos — foi a consideração de Melo. — Seu pai, sua mãe, seu tio — acrescentou.
— Cardiologista, neuropsiquiatria infantil, nefrologista — respondi. — Desde pequeno me sentia protegido por essa constante presença de médicos.
— Por que não foi ser médico?
— E que necessidade eu tinha? Estavam por toda parte à minha volta.
Nada poderia me acontecer, tudo seria diagnosticado a tempo, tudo seria tratado. Talvez por isso tinha tanta dificuldade de compreender a inquietação de meu pai pelo linfoma do tio Beppe. Tinha já tido um tumor e o derrotara significativamente, vai tomar no cu, câncer, você não nos vencerá nunca — nós, os Enia.

Gabriella disse:

— Era um domingo de manhã de fevereiro. Esperávamos uma chamada, o estado do mar era de força sete é não tinham sido notificadas partidas de embarcação. Estávamos comendo depois de termos ido à missa, convidados pelo pessoal do grupo Cisom de Lampedusa, junto com alguns homens da Capitania do Porto e do comandante da Guarda de Finanças. Depois da comida, o comandante da Guarda Costeira de Lampedusa recebeu uma chamada: havia um grupo a ser socorrido a 130 milhas de Lampedusa. Estava muito longe e já eram três da tarde. Devíamos correr com um mar em condições terríveis. Eu estava tão preocupada quanto inquieta, era minha primeira saída. Desde a partida alguns membros da tripulação começaram a passar mal, vomitando. O mar estava agitadíssimo, as ondas eram enormes. Durante a viagem, outros rapazes da tripulação também passaram mal. Vomitaram. Eu olhava para eles e pensava: mas como é possível que estejam assim? Eu, que não estou habituada, estou reagindo muito bem! Tratei de dar indicações gerais sobre a melhor postura a ser mantida para reduzir o mal-estar, e os aconselhei que tomassem água e algum complemento nutricional. Ofereci para dar injeções, mesmo que, com aquele mar tempestuoso, os movimentos da patrulheira fossem imprevisíveis e se corresse sério risco de machucar o interessado. Durante a navegação descobri que o comandante tinha febre muito alta. Não soube no início da missão, porque quando entrei na cabine já estava lá em cima no comando.

Paola acendia a apagava o isqueiro sem parar. O maço permanecia deitado na mesa. Não era ainda o momento de outro cigarro.

Melo tinha acabado de beber um gole de cerveja.

— O Mediterrâneo, quando há tempestade, é um mar particularmente difícil para esse tipo de missão — avaliou.

— Simone nos explicou, quando voltou do Oceano — continuou Paola.

Aquele verão foi assim: terminada a estação, Melo convenceu Simone a tentar a travessia oceânica como membro da tripulação de uma embarcação a vela.

— Ao voltar da aventura Simone estava felicíssimo. Nos confidenciou que naquelas duas semanas compreendeu a enorme diferença entre o Atlântico e o Mediterrâneo. Aqui o socorro em mar aberto é mais complexo porque, no trecho entre Lampedusa e África, o fundo é claramente menos profundo do que o oceânico. No Atlântico, as ondas são altíssimas e duram várias dezenas de segundos, você as vê chegar com grande antecedência e as cavalga. O tempo da onda é bastante dilatado. Aqui, ao contrário, as ondas acometem uma depois da outra, sem parar, como socos que golpeiam o casco, repetidamente, de toda altura, em um sobe e desce contínuo. A Guarda Costeira sai em condições de mar verdadeiramente alucinantes em sentido absoluto, não o digo por dizer.

Essa consideração me confirmava o que me disseram no vilarejo: a Guarda Costeira sai sempre, em qualquer condição marítima. O samurai, quando lhe reportei o coro unânime referente ao trabalho deles, me respondeu: «Há aquele filme com Kevin Costner, *The Guardian*, no qual a certa altura o personagem diz: ‹Quando chega a tempestade e todo mundo regressa ao porto, a Guarda Costeira sai›. É verdade». E tinha acompanhado a citação com uma risada, relaxando finalmente a musculatura das costas e a linha da testa. Ri com ele e me imaginei em sua casa, diante daquele filme na TV e os filhos ao lado, ao evocar as saídas em mar aberto, quando em volta a tempestade enfurece e as ondas têm nove metros de altura, um pouco minimizando-as, um pouco lamentando.

Gabriella disse:
— Por volta das dez da noite chegamos ao nosso objetivo, mas não conseguimos vê-lo. Tudo estava escuro. Na escuridão só se conseguia divisar a outra patrulheira, que como nós girava para cima e para baixo, tendo ao fundo a rebocadora das plataformas de petróleo, uma estrutura espantosa, enorme. Durante a busca, todas as luzes de posição estavam acesas, as ondas ainda eram muito altas e

tudo estava negro. Negro o céu, negro o mar. A lua, ao contrário, era enorme e belíssima. Uma lua cheia e africana. Afinal os encontramos. Estavam num bote de borracha. O mergulhador e os membros da tripulação começaram as manobras de resgate. No bote, porém, todos começaram a se mover. Gesticulavam. Queriam subir a bordo logo. Se agitavam. Nós do Cisom partimos vestindo nosso uniforme: camiseta branca com o escrito «Médico» ou «Enfermeiro Cisom», a calça azul impermeável, tênis e, quando subíamos na patrulheira um macacão branco de polietileno, agradável para vestir no inverno, no verão um pouco menos. O macacão tem um capuz, e, como eu estava encapuzada, me dei conta de que isso talvez pudesse assustar os garotos. Tirei o capuz, também para lhes mostrar que eu era uma mulher e me pus a gritar: «*Quiet! We are here to help you!*». Um deles entendeu e, traduzindo a mensagem, deu início à corrente para que a passassem de um para o outro no bote. Logo que se acalmaram, bem devagar começaram a ser embarcados, um de cada vez. Eram todos homens, cento e quatro pessoas num único bote. Na proa estava escrito perfeitamente o número 3. Deviam ter estado outros dois botes no mar. A notícia que tínhamos recebido indicava de fato a presença de três botes, não de um apenas. Não encontramos os outros dois.

Paola se serviu de um pouco d'água.

Eu acariciava o gargalo da garrafa de cerveja.

Quem sabe como eu teria interagido com Gabriella se tivesse sido médico.

Quem sabe que perguntas me teria feito meu pai.

— Há um aspecto que me impressionou.

Melo estava pensando em voz alta, olhando Cala Pisana pela janela.

— A primeira experiência de morte foi enfrentada por subtração, não por presença.

Os dois botes de borracha que faltavam na conta.

A morte como evocação.

Na cultura ocidental, a imagem certifica a realidade existente: um acontecimento, uma revolução, um óbito, são de alguma forma aumentados se capturados pelo olhar. O que não é visto é de algum modo despotencializado justamente por não ter sido objeto de visão. A cultura oral cedeu lugar à da imagem.

Mas o invisível trabalha subterrâneo, longe da vista, escavando os recessos mais íntimos.

A antecipação da tragédia trabalha em silêncio, com uma ausência. O que vem a faltar, além de tornar incompleto o desenho, abre espaço para a fratura. E é exatamente nesse vazio que irrompe a morte.

— Na nossa patrulheira subiram cinquenta e oito, quarenta e seis foram embarcados na outra. Eu estava na proa, a enfermeira, na popa. Examinamos um por um. Eram rapazes muito jovens, o mais velho devia ter no máximo trinta anos, todos descalços e molhados até os ossos. Entregamos a cada um a manta térmica. Além disso, tínhamos à disposição *hot packs*, pacotes semelhantes a gelo seco que se esquentam assim que se rompem. Distribuímos os que recebemos em doação. Infelizmente, o número não foi suficiente para todos. Quem não o tinha recebido se agarrava à manta térmica. Fazia muito frio. Uma vez que com a enfermeira constatamos que cada um deles estava bem, falei um pouco com os que estavam sentados numa das bordas da patrulheira, perguntando-lhes de onde vinham. Mali, Guiné, Camarões, um pouco de toda a África. Diziam que passavam bem, embora estivessem no mar há sete dias e sem comer há duas semanas. Me desloquei para o outro lado da patrulheira para falar com os outros rapazes. «De onde vocês vêm?». Mostrei-lhes o pingente da minha correntinha, que representa a África. Um rapaz, apontando, respondeu com o nome da sua cidade, que, porém, eu não conhecia. Era chegado o momento de voltar. Antes de entrar na cabine, disse-lhes, em inglês: «Rapazes, agora a viagem será um pouco longa e difícil, mas não se preocupem porque vocês são fortes e conseguirão». Entrei na cabine, e depois…

Começou a chorar.
Era um choro cavado e fundo.
Estava por detrás de todas aquelas palavras.
Era a sombra delas.
A origem do Calvário.
Sob as cinzas do tempo, ardem as brasas do remorso.

— Levamos muito tempo para chegar a Lampedusa. Foram as horas mais longas da minha vida. Fora fazia um frio inimaginável, ondas de sete metros, vento força oito, e esses rapazes estavam congelando e não podiam entrar na cabine. Dentro, os membros da tripulação continuavam a passar mal e a vomitar. Busquei ficar num lugar seguro, pois, como médica, devia intervir se alguém piorasse. Lembro esta cena: o pontilhão da cabine estava ainda aberto e cabeças começaram a esgueirar-se lá para dentro. Eu as contei. Eram dez. Os rapazes queriam entrar por causa do frio. Perguntei: «Por que não os deixamos entrar, pelo menos alguns?» Responderam: «Não é possível, pode haver um motim». O pontilhão foi fechado. Mas lá fora se congelava, chovia, ventava, tinha de tudo e não sei mais o quê. Os rapazes se aliaram e começaram a forçar a porta. Um rapaz do outro lado da porta repetia que tinha sido operado. «*Operated! Operated!*», gritava, «*Operated!*». Não dizia outra coisa. O mergulhador e um membro da tripulação tentaram fechar bem a porta, esforçando-se para não lhes machucar as mãos, agora dentro do espaço aberto. Um dos membros da tripulação ficou com raiva e gritou com os rapazes, intimando-os a ficar lá fora. Os gritos me transtornaram. Depois, com a cabeça fria, entendi que aquela reação de raiva provinha da frustação de não lhes poder ajudar melhor. Estávamos todos em estado de emergência, a situação geral era duríssima. Era o desabafo contra todo um sistema violento do qual eles também eram vítimas. A porta foi fechada de novo. As horas passavam, os membros da tripulação ainda passavam mal, as ondas nos batiam em cima e embaixo, do lado de fora continuava a fazer um frio tremendo. O comandante se informou com a outra patrulheira, que lhe respondeu que já tinha deixado os rapazes entrarem na cabine, em turnos. Nosso comandante decidiu agir do mesmo modo. Foram estabelecidos turnos e entraram na cabine seis rapazes, apertados uns contra os outros. Não cabiam mais. Por volta das três da madrugada o maquinista saiu, passando diretamente para a sala de máquinas. Quando voltou, suas palavras foram: «Há pelo menos quatro ou cinco mortos lá fora, na proa». O mundo desabou sobre mim. Eu era médica, estava ali para ajudá-los e levá-los sãos e salvos e não tinha conseguido fazer nada por eles. O mergulhador disse: «Vou lá fora para ver em que condições estão». Os mergulhadores contam com um gancho para ancorá-los no meio e assim evitar que sejam lançados para fora da patrulheira. Ao retornar, disse que não havia nada a fazer, não respondiam mais, estavam mortos. Por volta das duas da tarde, o maquinista informou que havia ainda outros mortos. Me senti ainda mais inútil e impotente. Chegamos a Lampedusa umas cinco da tarde. Tinham morrido vinte e nove rapazes.

— Durante a viagem de volta procurei continuamente ser forte. Ficar acordada. Bebia água. Não vomitava nada. Nunca vomitei. Mas minha lucidez ia e vinha. Era atravessada por pensamentos extremos. Para me dar força e coragem pensava num prado verde. E me sentia culpada, porque os outros estavam lá fora sofrendo de frio enquanto eu me esforçava para visualizar essa imagem. Rezei, do início ao fim. Logo que atracamos, levantei-me de minha prostração, procurando recuperar forças, todas que me restavam. De repente, fora da cabine, vi o rapaz que tinha gritado «*Operated!*». Estava no chão de barriga para baixo, com a cabeça perto da escadinha... imóvel... ao lado tinha outros... tantos... um em cima do outro... nus, como num filme que vi sobre o campo de Auschwitz, *O filho de Saul*... a maior parte estava sem roupa... as calças abaixadas... a camiseta levantada... os genitais ao vento... de barriga para cima e de barriga para baixo... um monte de corpos... Um rapaz na proa reconheceu entre os cadáveres alguém conhecido, talvez um familiar. Olhando-o, parou e começou a chorar. Não queria se afastar dele. Tinha uma expressão tão triste, como se não quisesse mais se salvar. Desceu da patrulheira. No cais Favaloro veio ao meu encontro uma médica que eu conhecia. Lembro que me dei conta de ter desembarcado quando me chamou pelo nome, «Gabriella». Foi como se naquele momento eu tivesse acordado de um pesadelo. «O que aconteceu?», me perguntou. Ela me falava sempre do conceito de «vida nua», em Agamben. «Olha, lá está a vida nua de que você me falou tanto... aí estão, são corpos, exclusivamente corpos». Veio ao meu encontro um operador do Centro de Acolhimento, para me animar. Disse a ele: «Foi a minha primeira saída e olha o que aconteceu...». Nos acompanharam a mim e a outra enfermeira a um outro navio, maior do que a patrulheira. Ali nos ofereceram chá quente e nos reanimaram, fazia um dia que não bebíamos nem comíamos. Da escotilha olhávamos os corpos mortos no cais, cobertos por uma tela verde. Finalmente encontrei forças para chorar.

— Não é sempre assim, quando você for falar com outras pessoas te dirão que a experiência delas foi diferente. Me pergunto ainda hoje por que isso foi acontecer justamente comigo. Mas estou trabalhando a questão. Houve outros transbordos que fizemos em seguida. Felizmente estavam todos bem... as mulheres grávidas...

as crianças... foi tudo bem... as condições climáticas eram decisivamente melhores.

— Poucos entendem a dor que levo dentro de mim. Vinte e nove mortos. A metade dos cinquenta e oito que subiram na nossa patrulheira... Não eram quatro, não eram cinco, não eram seis. Eram vinte e nove, todo dia é uma perda.

***

Na ilha fazia uma daquelas pausas benditas na qual não se ouvia mais o uivo do mistral.
— Tudo passa, os ventos, o inverno, os dissabores — disse Melo.
— É lindo o som da ressaca — observei.
— O mar sempre faz companhia, mesmo quando está muito frio para nadar — acrescentou Paola.
— Porra, mas o que viramos? A escola de filosofia? — disse Melo estirando-se no sofá e levando o antebraço à testa.
A hora de ir deitar se aproximava.
Os músculos das minhas costas, tensos até então, relaxaram.
— Sabem, à tarde, um pouco antes de voltar para cá, falei um segundo com um membro da tripulação

da patrulheira. Ele me mostrou um vídeo feito a bordo com o celular, logo depois do socorro. Na popa estavam os rapazes resgatados. Eram uma centena. Contou-me que os tinham encontrado de manhãzinha, todos num único bote de borracha, e quando foram interceptados a água já lhes chegava na virilha. As suas palavras precisas foram: um par de minutos e os perdíamos para sempre. No vídeo, que dura escassos trinta segundos, a cena é aparentemente absurda, porque nos encontramos na patrulheira que navega em mar aberto para voltar a Lampedusa, na popa estão todos esses rapazes resgatados que arriscaram morrer e ao fundo se ouve clara e forte uma música latino-americana gravada ao vivo. Na prática, o maquinista foi à cabina de comando e se apoiou no interfone ligado a um celular no qual estava gravada uma canção latino-americana, difundindo-a assim na coberta. No centro do enquadramento está o membro da tripulação com quem falei, de costas, com todos os rapazes na frente, empenhado em coordenar uma coreografia de dança, justamente como um animador de resort turístico, movendo ao mesmo tempo braços e mãos, à direita e à esquerda, para cima e para baixo. E os rapazes socorridos há pouco replicam os movimentos e dançam, riem e cantam. Achei esse pequeno vídeo comovente. Havia uma tal pureza naquela manifestação de alegria, um tal tato em fazê-los dançar que fiquei sem palavras. Claro, os rapazes passavam bem e estavam em condições de se movimentar, é óbvio, mas era bastante evidente que tinham uma desesperada necessidade de se desafogarem, espantando o medo acumulado por uma morte da qual escaparam por poucos minutos.

— Me faz lembrar do menininho da fábula que diz «O rei está nu» — disse Paola. — Muito frequentemente se fala de seres humanos como números ou estatísticas, mas as pessoas são muito mais do que isso, abrigam esperanças e preces, inquietações e tormentos; assim, marcar o ritmo com os pés num barco no mar aberto e apertar os punhos contra o céu é não só justo, mas também e sobretudo humano.

— E por uma vez, por uns minutos, quem se fodeu foi a morte. Dessa vez, quem mamou foi a dama negra — sintetizou Melo.

Paola acendeu um cigarro, deixando o isqueiro em pé ao lado do cinzeiro.

— Você parte amanhã? — perguntou-me.

— Sim, no primeiro voo, o das seis e meia da manhã.

Eu olhava o mar. Não conseguia mais tirar da cabeça que, de algum lugar, uma barcaça tinha zarpado, uma nova batalha estava para consumar-se, longe dos olhos de todos, apenas além do horizonte.

Melo se levantou do sofá.

— E que tal um limoncello para encerrar o dia? Há também um ótimo licor de funcho selvagem feito pela Paola.

— Concordo, vou tomar este.

Melo levou para a mesa as garrafas de licor.

— O funcho foi todo colhido aqui — teve por bem pontuar.

Crescem poucas plantas em Lampedusa, aquele era o valor agregado.

Me servi sem beber, deixando que climatizasse no copo.

Permanecemos sentados, ouvindo o som da ressaca, enquanto a noite entrava na sala.

***

— Por que você não vai ver seu tio?

Silvia tinha me perguntado, levantando de repente o olhar das *Elegias de Duino*, enquanto eu limpava a lula.

Permaneci parado com a faca na mão.

— Você vai sempre a Lampedusa, faça pelo menos uma viagem para ir à casa dele, já que se falam toda hora ao telefone. Se te vir em pessoa, ele ficará feliz e você também.

A lula estava aberta sobre a tábua de cortar, a bolsa com a tinta só esperava ser extirpada.

— Vocês poderão conversar pessoalmente e você verá como ele passa o dia.

Deixei a faca e abri a torneira para enxaguar as mãos. Pensava com as mãos debaixo d'água, oferecendo a Silvia nada mais do que a ausência de palavras. Precisava de outros testemunhos para admitir para mim mesmo como eu era igual a meu pai?

Silvia, no entanto, entendeu as reais dimensões daquele silêncio.

Tinha raízes profundas que se embebiam diretamente no poço da angústia.

— O que te impediu até hoje de ir visitá-lo?

Enxuguei as mãos. Sentia as narinas dilatarem, o ar me encher os pulmões, os dentes apertados.

— Tenho medo.

Os arrepios me davam coices na espinha, subindo da lombar até as omoplatas.

Silvia largou o livro e veio me abraçar por trás.

— Do quê?

A palma das mãos me acariciava a nuca, os olhos, as têmporas.

— De ler no corpo dele uma antecipação da morte.

Me deu um beijo no pescoço.

— Se não o vir em pessoa, não saberá nunca.

A bolsa com a tinta estava ainda lá, no coração da lula.

Dei um beijo em Silvia, voltei à tábua de cortar e peguei de novo a faca.

— Isso é verdade.

Deixei escorregar a lâmina sobre a carne branca do molusco, pousando-a sobre a membrana que continha a tinta.

— Quer que eu vá também? — perguntou Silvia já de volta ao sofá, com as líricas de Rilke novamente no colo.

Era preciso um movimento seco, agora, um corte nítido que não lesionasse.

Um.

Dois.

Três.

— Sim.

A bolsa foi extirpada.

— Oi, tio, como está?
— Como os velhos. Está ainda em Lampedusa?
— Não, voltei na semana passada.
— Está escrevendo?
— Sim.
— Seja rápido, porque quero te ler.
— Claro. E os seus exames?
— Tenho carência de glóbulos brancos, mas estou me fodendo para o tumor. Treino todo dia, peso e bicicleta.
— Ótimo. Meu pai ligou?

— Não. E para você?
— Nem para mim. Zero a zero, Beppuzzo. Escuta, o que você acha de eu e Silvia irmos aí a Reggio no fim de semana?
— Seria maravilhoso.

***

Estávamos em Cala Rossa eu, meu irmão Giuseppe, meu pai e meu tio Beppe. Papai abria a fila ao longo do trajeto impraticável entre as rochas para descer ao mar. Tio Beppe era o último da fila. Com sua voz pacata, dirigindo-se a mim e meu irmão, nos advertiu: «Meninos, cuidado para não cair». E um instante depois — literalmente, uma fração de segundo depois — seus pés perderam aderência ao terreno, a sandália direita voou pelos ares e o tio escorregou estrepitosamente sobre os escolhos, desaparecendo detrás de uma pedra. Todos os presentes, uma dezena de pessoas, começaram a rir, inclusive eu e meu irmão. Até meu pai, que tinha se virado para inteirar-se das suas condições, não conseguia tirar o sorriso da cara. Vimos a mão do tio Beppe aparecer detrás das rochas. O punho fechado lentamente mudou de forma: o polegar levantado foi o sinal que o tio escolheu para comunicar que estava ainda vivo. Depois ouvimos a sua voz: «Tudo tranquilo, meninos! Não me aconteceu nada». E, finalmente, emergiu daquela paisagem de espinhos e pedras. Tinha a camiseta toda rasgada, a coxa direita cheia de arranhões e uma escoriação que partia do glúteo esquerdo e descia até o tornozelo. Os presentes, ao vê-lo se levantar, prorromperam em um aplauso cerrado. O tio ficou vermelho num instante e, para sair do embaraço, começou a nos saudar com os três primeiros dedos da mão. Parecia o papa. Todos respondemos a essa inesperada bênção com uma pequena inclinação da cabeça, depois, cada um retomou sua jornada.

— Você consegue descer? — perguntou meu pai.

— Sim — gemeu o tio. Notando o tamanho do rasgo na camiseta, sentenciou, sem conseguir prender o riso:

— Bem, foi ridículo. — Entrou no mar e limpou as feridas com água e sal.

— Porra, que tombo — repetia para mim, meu irmão, meu pai e para si mesmo. Foi uma manhã belíssima, cheia de luz. Papai nadava ao largo, tio Beppe vigiava meu irmão para que não se afogasse e eu pesquei três cascas de ouriço do mar mergulhando de máscara. Era agosto de 1981, o carro da família era um Panda bege e tio Beppe vivia na Inglaterra, onde estava se especializando em nefrologia.

— Naquele tempo a nefrologia era a ciência médica em expansão, éramos como os pioneiros quando decidi me especializar, era o futuro, como minha outra paixão, a biologia molecular. Fui ser médico porque me atraíam as dinâmicas do corpo. Claro, na minha decisão teve um peso importante o fato de que meu irmão já estudava medicina havia quatro anos. Foi como ver uma placa de estrada que me indicava o caminho a percorrer.

Eu e Beppe voltamos a Cala Rossa em 1987. O tio — que chegou a Palermo para as férias de verão vindo de Reggio Calabria, para onde se mudou por trabalho uns dois anos antes — me acompanhou a um jogo de futebol. Eu era um clássico adolescente de treze anos: espinhas, mal-estar, arrogância, ereções contínuas. Além do mais, era considerado bom no futebol. No time adversário faltava um jogador, então perguntaram ao tio se queria jogar com eles.

— Se o senhor jogar serão onze contra onze, nos faz o favor?

Consentiu. Para mim estava ótimo, meu tio era muito ruim, iam colocá-lo na defesa, é o que acontece com os pernas de pau, e eu jogava no ataque, pela esquerda, ia fazer estragos, encarando-o sistematicamente, deixando-o tonto de dribles, marcando gols aos montes. A tarde prometia ser fabulosa. Não queria só vencê-lo, queria humilhá-lo.

Nunca esquecerei aquele jogo.

Ao tio Beppe lhe saiu um partidaço. Claro, desengonçado era e desengonçado continuou, mas foi imprevistamente, danadamente eficaz. Rebatia todos os meus arremessos, me antecipava, desbaratava o jogo na nossa linha de ataque com intervenções esteticamente discutíveis, mas futebolisticamente impecáveis. Era uma barreira de óculos e pés de pato. Meu nervosismo por aquele resultado de zero a zero, que o tio contribuía para manter de pé graças a seu rendimento irretocável, aumentava minuto a minuto. Até que, no final do primeiro tempo, quando o zero a zero parecia inamovível como os pregos nas mãos de Jesus Cristo na cruz, aconteceu o inesperado. Tio Beppe se achou com a bola nos pés, quando o meu time todo estava no ataque. Sem pensar duas vezes, chutou a bola o mais longe possível. Um chutaço completamente fora do comum, sem se dignar a olhar o campo, os adversários, o verão. E aquele tiro ignorante se transformou na assistência perfeita, a bola passou pela nossa defesa, sendo cortada pelo centroavante adversário, que, com um chute rasteiro e preciso, culminou no contrapé. Um a zero para eles. Não sei se eu estava mais deprimido ou perplexo. Tio Beppe ria e repetia para os companheiros que o festejavam: «Não tenho ideia de como consegui». Os quinze minutos de intervalo foram muito longos. Sentia o tique-taque dos segundos. Eram espinhos que feriam meu orgulho. Não via a hora de entrar em campo novamente. Queria aniquilar Beppuzzo. Não podia perder contra alguém tão fraco. Devia ser eu o rei do verão de 1987. Começou o segundo tempo, mas não houve jeito de mudar o curso das coisas: minha atuação continuou sendo desastrosa. Meu tio me estava massacrando em cada zona do campo. E, no entanto, eu era forte: «Davidù com a bola nos pés é um mestre», diziam de mim na praça. A bola naquele dia decidiu ser hostil a mim. Falhava em todo controle, acabava fora do jogo e eu era sistematicamente antecipado por meu tio, ficando isolado durante o desenrolar da partida. Raiva e frustração disputavam a primazia do meu coração. Num momento de fadiga, para recuperar o fôlego um segundo, o centroavante adversário passou a bola atrás para meu tio. Foi um átimo de tempo em que li o terror nos olhos de Beppe. Sabia que me transformaria num falcão, precipitando-me sobre aquela esfera, fazendo-a desaparecer com a magia da minha esquerda, lançando-me ao gol seguro de contragolpe. E a culpa seria toda dele. Meu tio estava perdido, minhas garras, preparadas. A esfera lhe chegou aos pés e, como era de se esperar, Beppuzzo teve uma crise de pânico, tropeçou com a bola e escorregou para o chão. Tinha só o campo aberto entre o jovem falcão e a bola de couro. Pegaria a bola, saltaria sobre o goleiro na saída, marcaria o gol de empate. Deus, que dia estupendo eu estava para brindar a todos. Meus amigos me tratariam com honra e respeito. Pus-me a correr o mais rápido possível. Tio Beppe, entretanto, tentando recuperar-se do desastre, espichou a perna até o solo. Não conseguiria nunca tocar na bola. Eu era mais veloz do que ele, mais técnico do que ele, mais forte do que ele. A bola seria minha. Estiquei o pé e — ainda hoje me pergunto como seria possível, e ainda hoje não acho resposta — chutei o vazio. A ponta da minha chuteira se chocou com o ar. Tio Beppe no chão tinha conseguido tocar a bola antes de mim. Foi uma questão de centímetros, na verdade, mas aqueles centímetros mataram ao nascer meu reinado sobre o verão. Meu coração gelou. Infelizmente, para mim, ainda não tinha terminado. Existirão sempre as condições para que uma derrota seja um fracasso sem atenuantes. Basta pensar no pior. Acontecerá. E, naquele 1987, o pior aconteceu. Foi assim: Beppe não só impediu meu contrapé. Com aquele mísero toque conseguiu realizar o gesto absoluto com o qual se humilha de modo supremo um ser humano num campo de futebol. Meu tio me deu uma caneta, fez das minhas pernas um túnel. A mim. A seu sobrinho preferido. À promessa futebolística da leva de 1974. Minhas pernas assistiram, impotentes e desconcertadas, ao garboso trote da bola por entre elas. Meu corpo tinha se tornado uma galeria. O túnel foi feito à perfeição. A bola agora se achava às minhas costas, a três metros. Todo o time adversário explodiu num fragoroso estrondo. Não podia acreditar. Fiquei com tanta vergonha que minhas orelhas pegavam fogo. Eu era um jogador acabado. Uma promessa quebrada. Então dei o pior de mim.

— Que homem você quer ser quando for grande?

Começou assim. Me entreguei de corpo e alma a uma crise histérica e, blasfemando como um louco contra a má sorte e contra a terra batida que tinha desviado a pelota, fui embora do campo, abandonando meu time que perdia por um gol. Me dirigi ao mar sem me despedir de ninguém. Creio que meu plano fosse nadar em direção ao horizonte até chegar à Ligúria ou a Nápoles. Tio Beppe veio atrás de mim. Sabia que estava me seguindo, sentia seus passos desajeitados removendo os seixos e levantando terra. Me agachei sob um escolho e o esperei. Afinal, era com ele que deveria voltar a Palermo de carro. Quando me alcançou, ficou um minuto inteiro em silêncio às minhas costas. Depois começou a falar.

— É desde hoje que você escolhe o tipo de homem que quer ser.

Sua voz era doce.

Persisti no silêncio. Sabia ter me comportado mal. A humilhação estava me esfolando vivo.

— Você deve escolher o que quer ser, Davidù, se um homem ou um *quaquaraquà*.

Quando li *O dia da coruja*, de Sciascia, e encontrei a palavra «quaquaraquà», meu coração se abriu.[3] Meu tio

---

3   Termo com o qual o chefe mafioso dom Mariano Arena, no romance de Leonardo Sciascia, designa os homens indignos de tal condição. [N. T.]

confiou nas palavras de seu escritor favorito para me dar aquele conselho.

— Responda, por favor. O que você quer ser? Um homem ou um *quaquaraquà*?

— Um homem — bufei. — A minha boca estava comprimida contra o joelho. Foi o único modo que encontrei para não desatar a chorar.

— Se quer ser um homem, comece a se comportar como um homem, agora mesmo.

Levantou-se.

— Eu volto a jogar — me acariciou a cabeça, tornou a subir. Dei uma última olhada no mar. Tinha os olhos cheios de lágrimas e apertava os dentes para não chorar. Voltei ao campo correndo. Estavam ainda jogando, faltavam uns quinze minutos para terminar. Podiam empatar e, por que não, até vencer. Joguei muito mal. No último minuto do encontro, aquele dia, de incrível, tornou-se lendário. Num chute de escanteio e com a bola bem longe da nossa defesa, tio Beppe, numa tentativa de cruzamento, desenhou com a bola uma trajetória torta que atravessou toda a nossa área acabando por se meter no canto da rede.

Fez o segundo gol.

Dois a zero.

Os companheiros o carregaram em triunfo.

Embaraçadíssimo, tio Beppe ria.

— Porra, meninos, é o primeiro gol da minha vida!

***

Tio Beppe veio nos pegar na estação. Tia Silvana, sua mulher, ainda estava fora, trabalhando. Um novo sítio arqueológico em Gerace em breve seria inaugurado e ela, arqueóloga, estava lutando contra os últimos obstáculos pontuais. Voltaria para o jantar.

Quando nos vimos, eu e meu tio demos um longo abraço apertado.

— Vocês são muito doces — me confiou Silvia. — É raro ver dois homens se abraçarem assim, no sul.

Meu tio tinha emagrecido, usava um boné de baseball, a quimio lhe tinha feito cair os cabelos.

— Também já não te restava muitos.

— Idiota.

E me abraçou ainda mais forte. Sentia seus dedos apertarem minha carne, com força, como se agarrasse ao escolho para não ser engolido pela corrente.

Em casa, o tio nos mostrou logo o estúdio onde estavam montadas uma bicicleta e uma esteira. Espalhados pelo chão havia pequenos pesos coloridos.

— É aqui que treino. Estou me fodendo pro câncer.

E ria, com seu modo de rir de crianças que acabaram de fazer uma travessura.

Do lado de fora, na longa varanda em torno da casa, nos levou para ver sua planta preferida, um jasmim-manga.

— Vejam que flores! E estamos fora da estação.

Estava orgulhoso delas.

— Quem me deu foi tio Rocco, muitos anos atrás. Continua a florir sem parar. É mesmo uma planta incrível.

Olhava-nos buscando nossa aprovação.

— Sim, é lindíssima — respondeu Silvia, alisando com os dedos as pétalas brancas da flor.

— Sabe, Daviduzzo, durante essa doença estou me dando conta do quanto é fundamental para um médico escutar. Poderia ser cego e continuaria dedicando-me à profissão, juro, mas eu não conseguiria trabalhar se fosse surdo.

Meu tio me olhava com seus olhos bons. Escuros e firmes, eram olhos nos quais se podia confiar.

— Escutar é fundamental — repetiu mais uma vez, mais para si mesmo do que para mim. Levou a mão à altura do coração e começou a acariciar-se, como se realmente tivesse necessidade daquele calor para conseguir se expressar. Sua respiração aumentou, a pupila diminuiu. Estava para nomear algo doloroso, replicando a atitude física de seu irmão, meu pai, e a minha, três seres humanos com um vocabulário físico despudoradamente igual.

— A minha hematologista não me escuta. Eu lhe digo: meu corpo está cansado, sinto que meu corpo me dá indicações precisas. Mas ela não me escuta, olha os exames e já sabe o que me prescrever. Talvez ela tenha razão, com certeza tem razão, mas não me escuta.

A medicina é matéria que age sobre a carne. O corpo é o metro da nossa existência terrena. É na carne que se consuma a doença. Mas existe sempre, mesmo durante o tratamento, toda a parte imaterial do ser humano. E, se pelo menos não se a preenche um pouco, é o vazio.

Pedir ajuda e não ser escutado.

Sentir-se incompreendido.

Morar sozinho num quarto escuro.

É isso que você experimenta quando a dor te atravessa, tio?

Um mediador cultural que tinha trabalhado no Centro de Lampedusa me falou do garoto, desembarcado havia três dias, que não respondia a nenhuma das perguntas rituais de quem dirige o acolhimento: não disse o próprio nome, não informou o país de origem, não revelou a idade. Mostrava grandes sinais de ansiedade. Não dormia, não comia, não falava com ninguém. Passava os dias sentado no chão, encostado na parede, a cabeça entre as mãos. Naqueles dias os mediadores eram apenas dois e não conseguiam estar junto de todos, há duas semanas desembarcavam uma média de cento e cinquenta pessoas a cada trinta e seis horas, com picos de quinhentas em três diferentes atracagens. No quarto dia não se viu mais o garoto. Devia ter saído do buraco, avaliou o mediador. Tinha razão. Encontrou-o naquela tarde na frente da esplanada da igreja. Aproximou-se dele e novamente tentou lhe falar. Perguntou-lhe o nome e a proveniência e, mesmo dessa vez, o garoto não respondeu. Então o mediador mudou de estratégia, afinal, tinha tempo, e estavam só os dois. Perguntou se ele entendia inglês. O garoto abanou a cabeça em sinal de assentimento. Uma primeira comunicação tinha sido instaurada. Perguntou-lhe, então, o que mais desejava no mundo naquele momento, prometendo-lhe que o ajudaria a realizar seu desejo. Quero telefonar para casa, respondeu o garoto, quero dizer para minha mãe que ainda estou vivo. Não falava com ela desde que partiu, oito meses antes. O garoto tinha doze anos.

Tio Beppe olhava as mãos enquanto passava uma sobre a outra com lentidão. O ritmo da carícia seguia o compasso da respiração.

— Sempre me obriguei a olhar os pacientes nos olhos. Hoje, infelizmente, a relação com o paciente é mediada pelo fato de que, para acelerar o procedimento, o médico passa o tempo transcrevendo num PC as informações que o paciente lhe dá. Durante uma visita, o médico gasta setenta por cento do tempo olhando para uma tela. E esse é um problema, creio, que os médicos ainda não perceberam. Eu, mesmo que não seja necessário, examino um cliente à antiga: uso o estetoscópio, meço a pressão — operação hoje realizada só por enfermeiros —, estabeleço a relação de contato físico entre médico e paciente, que considero importante. Muitos pacientes notaram isso e me dizem: «Sabe-se lá desde quando não sou examinado com o exame físico, como antigamente, que bom!». Isso me permite falar com eles. Ou melhor, fazer perguntas e escutar as respostas, estabelecendo assim uma relação.

Uma frase gentil, um aperto de mão, um ouvido para escutar o desabafo. Assim também se cura.

Transcorremos os dois dias em Reggio Calabria sempre em casa, exceto por um breve passeio no qual tomamos um sorvete à beira-mar. Ali meu tio repetiu o comentário que fazia sempre: «Esse é chamado o quilômetro mais belo da Itália, e sabe por quê? Porque se vê a Sicília». Estava diante de nós, inquieta e majestosa, a nossa Sicília. Estivemos sempre unidos por uma arcana ligação à ilha-mãe. Um tremor do corpo, uma palpitação mais profunda do que qualquer outra, a certeza de se saber ilhéu em qualquer parte do mundo. Um traço que torna irmãos mesmo quem não é consanguíneo.

Faltava só meu pai para que tudo fosse perfeito.

— Aconteceu de noite. Acordei com as costas em chamas, parecia um problema nas vértebras lombares.

Ardia tudo. Fui imediatamente no dia seguinte fazer uns exames preventivos. No fim, o veredicto foi impiedoso. Eram linfonodos que me comprimiam, era um linfoma. Às vezes tenho carência de glóbulos brancos. Os remédios que me prescrevem para aumentá-los são fortes de verdade. Porém, me exercito todos os dias. Bicicleta, peso, esteira. Vamos regar o jasmim-manga.

***

— Você conheceu os rapazes que chegam a Lampedusa?

Meu tio estava sentado no sofá desde de manhã cedo e não tinha mais se levantado. De vez em quando, controlava a temperatura com um termômetro. Depois de lê-la me pedia para verificar, quem sabe seus olhos o tinham enganado. Era constante: trinta e cinco e sete. Algumas vezes pediu a Silvia. «Ela lê melhor do que você», dizia, rindo.

— Sim, tio, eu os conheci.

— Pobres rapazes, que experiência terrível deve ter sido.

E imergiu num silêncio absorto, com a cabeça que balançava para a frente e para trás, os olhos fechados e uma concentração absoluta em escutar.

Bemnet encontrava-se em Lampedusa pela terceira vez.
Tinha feito as duas últimas viagens de avião.
Eram regressos.
A primeira vez chegou como náufrago.

Estava acompanhado por um casal, Denise e Peter, que conhecera na Suíça em 2011, quando dormia num centro de refugiados, um velho abrigo antiaéreo. A mulher logo se deu conta de como aquele rapaz estava perturbado e o ajudou a empreender um processo terapêutico com uma psicóloga, para que conseguisse lidar com a própria experiência.

— Lampedusa é minha casa, é o lugar onde renasci — disse Bemnet.

Escapou da Eritreia em 13 de dezembro de 2008 para fugir do serviço militar obrigatório que dura por tempo indeterminado. Sua mãe e os outros habitantes do vilarejo tinham recolhido uma quantia significativa, esperando que fosse o suficiente para fazê-lo chegar à Europa.
Abandonou tudo: a família, a casa, os amigos, os objetos conhecidos, os rostos, os horizontes. Bemnet tinha partido sabendo que não iria rever nada nem ninguém.
Não tinha completado nem dezessete anos.

Quando o encontrei, numa praia da ilha dei Conigli, comia uma maçã. Gostava muito de maçãs, e antes de vir para a Europa só havia comido uma vez, quando tinha doze anos e sua mãe fora ao mercado para lhe comprar uma.

Da Eritreia alcançou a pé a fronteira com o Sudão. Ali, para atravessar o Saara, os traficantes amontoaram todos nos jipes. Foi um trajeto por etapas. A cada parada tinha um novo pagamento a fazer. Seguia adiante apenas quem tivesse dinheiro. Os que não tinham mais eram abandonados no deserto.

O Saara é como o Mediterrâneo, cheio de ossos de quem, em fuga, tentou atravessá-lo. Quem não tem dinheiro enfrenta o deserto diretamente a pé, armado com suas roupas e uma garrafa d'água que, pontualmente, acaba muito rápido. Avança-se em grupo. Como um mosaico que desmorona, perdem-se pedaços. Os poucos que conseguem superar o deserto a pé contam que a viagem é muda, o grupo é composto de desconhecidos, falam línguas diferentes, deve-se economizar saliva. São procissões que encerram uma ampla amostra da humanidade, pessoas de todas as idades e condições sociais. Quando alguém cai, se está vivo, o ajudam a se levantar. Se está morto, despojam-no do dinheiro escondido que possa ter, dos sapatos, se estão em melhor condição do que a do que se está calçando, das roupas, porque uma camisa enrolada na cabeça pode oferecer proteção contra o sol e um cinto pode ser vendido na Líbia para se juntar ao dinheiro necessário à travessia. Geralmente sobre a areia os cadáveres permanecem nus.

Depois de semanas no Saara, alcançaram a Líbia. O dinheiro de Bemnet tinha acabado. Não podia garantir um lugar numa barcaça. Foi confinado por meses num apartamento do qual não podia sair. Três quartos, uma pequena cozinha, um banheiro. Uns quarenta metros quadrados no total. No seu quarto dormiam sete, dez, às vezes quinze, sempre e apenas homens. Comia o que os outros lhe passavam. Tinha uma única janela, era o quarto maior, mas dava para um muro.

Os traficantes entenderam que Bemnet jamais juntaria o dinheiro para pagar a travessia. Poderiam tê-lo matado, mas, sem um motivo real, decidiram embarcá-lo igualmente.

Zarparam de uma praia líbia em 29 de julho de 2009.
Eram oitenta num único bote de borracha.
Agora todos se conheciam um pouco.

— Éramos como uma família. A gasolina acabou quase em seguida. Nos encontramos num lugar qualquer, em alto-mar, arrastados por uma corrente sem saber para onde. Passaram três dias com o bote à deriva. A água e a comida acabaram. O sol era uma tortura. Várias vezes molhamos a cabeça e o corpo com a água do mar. Era como se a carne pegasse fogo. A pele queimava. A cabeça parecia explodir.

Alguém tentou remar, usando os braços por sobre o bote. Alguém pulou n'água, tentando arrastar o barco nadando.

Um homem de quarenta anos aconselhou Bemnet a não pular na água, a não remar com os braços, a ficar parado, a guardar toda a energia que tinha, a não desperdiçar forças.

Soava quase como uma ordem.

Bemnet decidiu acatá-la.

Alguém tinha a garganta tão seca que tossiu sangue.

Alguém, transtornado pela sede, bebeu a água do mar.

Verificaram-se os primeiros vômitos, aos quais se seguiram outros, dentro e fora do bote.

Houve os primeiros casos de alucinação e os primeiros desmaios.

— Para não morrer, começamos a beber urina. Urinávamos dentro de uma garrafa de plástico, numa lata e numa sacola de plástico. Guardamos a urina e compartilhamos.

Nunca conseguiram resfriá-la. Tentaram até mesmo mergulhar a garrafa na água que tinha entrado no bote. Nada a fazer. A urina continuava quente.

— E depois as pessoas começaram a morrer.

Se alguém não se movia por horas era repetidamente sacudido, por vários minutos. Era preciso saber se tratava-se de morte ou simples desmaio. Quem não reagia àqueles repetidos safanões era abandonado no mar.

Começaram as preces e os exercícios mentais para não esquecer o nome de quem não tinha sobrevivido.

Diversos relatos reportam o mesmo testemunho: quem se afoga sempre grita o próprio nome. Às vezes é uma pessoa atirada viva entre as ondas pelos barqueiros. Ou então é alguém arremessado ao mar por uma onda de través. Enquanto se afoga, se grita o próprio nome.

— Por quê? — perguntei.

— Para não ser esquecido, certamente. E para que, em casa, os familiares e as pessoas da aldeia saibam que ele, aquele nome, não sobreviveu, morreu no mar. Assim, no futuro não tentarão localizá-lo, liberados daquela ânsia.

— No bote, fomos tomados pelas alucinações. Tínhamos perdido a conta dos dias e dos mortos. Nenhuma embarcação para nos salvar. Estava paralisado da cintura para baixo. Não sentia mais as pernas. O sol era muito forte. Não tinha nem mais força para enfiar a mão n'água e molhar a cabeça. Conhecia todos naquele bote, mas me sentia desesperadamente sozinho. Os mortos permaneceram no bote. Os cadáveres começaram a inchar. O corpo se deformava. A pele arrebentava. Não compreendíamos mais nada. Quantos eram os mortos? Quem ainda estava vivo? Os mortos deviam ser muitos, mais da metade, porque conseguíamos ficar com as pernas esticadas. Se havia espaço significava que não havia mais corpos. Ou não?

Teve dois sonhos. No primeiro, estava dentro de um caixão e em volta, em pé, vestidos de bruxos e sacerdotes, estavam os homens da aldeia, entre eles seu pai, olhando-o. Encerrado no caixão, ele não conseguia abrir os olhos. Tentava abrir as pálpebras, com toda a força de que era capaz. Falhava em cada tentativa. E, no entanto, apesar dos olhos fechados, num modo arcano e misterioso, seu pai, e só ele, sabia que o filho ainda estava vivo.

No segundo sonho, ele e seus amigos estavam numa barca e passavam ao lado de uma aldeia, situada um pouco mais no alto em relação a eles. A corrente, porém, era tão forte que continuou a arrastar o barco. Assim, a aldeia se distanciou para sempre.

Uma embarcação de verdade apareceu.
— Era uma patrulheira maltesa. Encostaram, nos jogaram água, biscoitos, um galão de gasolina e foram embora. Ninguém subiu a bordo. Passei anos me interrogando sobre o porquê daquela fuga tão imediata, buscando entender, perguntando-me o motivo. À força de pensar nisso, achei a resposta: foi o fedor dos cadáveres em decomposição no nosso bote que os manteve distantes.
Tinham passado dezoito dias no mar.

De qualquer modo, conseguiram beber e comer as provisões que lhes foram lançadas, colocaram a gasolina no motor, deixaram os mortos no mar e partiram.
Os malteses não haviam desaparecido. Navegavam à distância, mas sempre visíveis. Escoltaram-nos até as águas italianas e depois foram mesmo embora.
Estavam novamente sozinhos.
Os dias voltaram a passar.
— A água estava para acabar mais uma vez. Não se via terra firme, os corpos já não conseguiam reter as forças.
Viram-se à deriva por mais três dias. Depois chegou a Guarda Costeira Italiana. Socorreu-os, subiu-os a bordo, levou-os até Lampedusa.

— Toquei a terra em 20 de agosto. Aquele dia se tornou meu segundo aniversário. Aqui nasci uma segunda vez.
Vinte e um dias de naufrágio.
Partiram oitenta.
Morreram setenta e cinco.

— Não sei por que sobrevivi. Sou um dos últimos cinco que viu essas pessoas em vida e, no entanto, se voltasse à aldeia não saberia como contar a morte deles. Eu tinha só dezessete anos.

Bemnet apontou o mar.
— Meus amigos estão todos lá.
Não acrescentou mais nada.

***

Ainda não era a hora do almoço. A Sicília estava justamente diante do sofá onde Beppe estava sentado e me escutava. Emoldurada pela janela, parecia uma imagem votiva. A divindade benigna a quem confiar.
— Vou deitar um pouco — disse o tio. Silvia o ajudou a se levantar. Vi-o distanciar-se no corredor. Para avançar, se apoiava na parede. Passo a passo, ficava cada vez menor, até que chegou diante do quarto, abriu a porta e entrou sem fechá-la.

— Como você se sente? — Silvia me perguntou, passando as mãos em meus cabelos.
— O tio está cansado — foi o que consegui responder.

Tia Silvana telefonou para que jantássemos, continuava retida em Soriano Calabro, onde supervisionava outro museu antes de uma iminente exposição.
— Esse trabalho a mantém fora muito tempo — constatou o tio. Comeu pouquíssimo, uma garfada de salada, um pedacinho de atum, nada de pão. Punha a água no copo com a mão direita, recolocava a garrafa exatamente no lugar de onde a tinha tirado, como se a água tivesse um único lugar possível na mesa, segurava o copo sempre com a mão direita, bebia pequenos goles. Cada movimento seu transudava cansaço.
— Quer descansar um pouco?
Tinha dormido quase toda a tarde.
— Sabe, Daviduzzo, se este que tenho agora fosse um outro carcinoma, como o primeiro que tive, você não voltaria a me ver.
— E, ao contrário, aqui está você, pronto para combater e levantar pesos, para mim o chamam para as próximas Olimpíadas!
Esboçou um sorriso que logo se apagou nos seus lábios.
— Estou um pouco cansado.

Quis levantar-se sozinho, foi para o quarto, deitou-se na cama, vestido.

— Entendeu o que ele acabou de te dizer? — perguntou Silvia.

— Sente as energias irem embora, mas amanhã depois da quimio se sentirá melhor.

— Não, não foi isso que te disse.

Sabia que estava para formular a última pergunta, a definitiva. Tratava-se apenas de não desabar no chão.

— Por que você acha que seu tio sempre fala para ter pressa de terminar de escrever esse livro?

Respirei fundo. Sentia as costas pesadas, a cabeça pesada, os pensamentos pesados.

Levantei-me da mesa.

— Entendi — disse.

— Aonde vai?

— Vou sair, preciso dar um telefonema.

A Sicília estava ali na minha frente, um perfil escuro que se dilui na noite. Brilhava de luzes, pareciam pequenas fogueiras, testemunha de ter sido habitada durante milênios. Dizia Sciascia que suas costas e suas praias abertas às atracagens sugerem o primeiro e condicionante elemento da vida e da história siciliana: a insegurança.

— Oi, papai.

Silvia me dera a sua interpretação referente às palavras de Beppe sobre a falta de escuta do médico. Era como escutar o pedido do menino assustado que quer os pais perto de si, ou o irmão mais velho, me tinha dito.

— Estou em Reggio, na casa do tio.

Beppe era médico como meu pai. Ambos conheciam os linfomas. Deve ser um pesadelo saber exatamente o que acontece com o corpo durante a doença. Entender o significado das fissuras. Conhecer antecipadamente a velocidade da degradação. Intuir em cheio a dimensão da deriva.

— Está cansado, papai. Amanhã tem quimio. Está com o moral baixo.

Meu tio, embora eu tivesse negado todo aquele tempo, corria de fato o risco de morrer. E ele sabia. E meu pai também estava a par. Os estudos médicos impediram os dois de mentir para si mesmos.

No silêncio entre uma palavra e a outra, a morte tinha aparecido como desembarcadouro concreto.

— Papai, você deve telefonar para o tio, deve telefonar-lhe com mais frequência. Ele precisa de você, sentir sua voz, da sua presença.

Ao longe, as luzes da Sicília tremiam, como um pedido de ajuda que teme perder-se nas dobras da noite.

Era o inverno dos meus nervos.

Os ramos estavam sucumbindo contra o vento da angústia, arrancadas as palavras de folhas.

Se enroscavam, se quebravam, se perdiam.

O esqueleto da minha árvore não tinha mais sua voz.

A única esperança eram as raízes.

Que fossem mais profundas do que eu acreditava.

Que se demonstrassem mais sólidas de quanto eu pensava.

Não podia fazer outra coisa.

Debaixo da terra estava minha âncora de salvação.

Entrei e abandonei-me ao abraço de Silvia. Apoiei a cabeça nas suas pernas, estirando-me no sofá. Fechei os olhos, enquanto suas mãos percorriam as linhas do meu rosto, para a frente e para trás, como a lhe aprender as formas e depois lembrá-las na ponta dos dedos.

Depois de alguns minutos tio Beppe apareceu na sala.

Estava orgulhoso.

— Meu irmão telefonou!

— Quem, meu pai?

— Sim!

Era chegado o momento de interpretar o papel.

— Não acredito.

— Juro.

Até o extremo.

— Não, Beppe, não acredito.
— Sim, era Francesco ao telefone.
Estava radiante.
Estava tão feliz que já havia começado a contar em seu calendário íntimo os dias que o separavam do próximo telefonema.
— Um a zero para mim! — dizia, e ria, e caminhava pela sala apoiando-se na parede e nas cadeiras, enquanto eu manifestava com caretas meu fingido desapontamento e Silvia, que tinha entendido tudo, ria com os olhos cheios de lágrimas.

***

No dia após o encontro com o samurai, levantei antes de amanhecer, às quinze para as cinco. Meu voo era às seis e vinte.

Na escuridão suspensa a ressaca era leve, quase imperceptível. Lampedusa parecia plasmada noutra parte, longe do clamor da mídia e dos refletores. Tinha um silêncio belo e potente.

Na mesa tinham ficado todos os licores da noite anterior, do limoncello ao funcho selvagem.

Melo entrou na cozinha. Levantou cedo como de hábito. Sem dizer nada, executou maquinalmente os gestos rotineiros: abrir o armário, pegar a cafeteira, enchê-la de café, colocá-la no fogo, apoiar-se no batente, adormecer, acordar ao borbulhar do café.

Pegou duas xícaras, colocou café e, com uma voz ainda empastada de sono, perguntou se eu queria açúcar.

— Não, obrigado, tomo sem.

Pôs açúcar no seu, depois levou o café para Paola no quarto. Quando voltou, poucos segundos depois, estava completamente desperto. Tinha um tempo prodigioso de metabolização da cafeína. Saltitava pela cozinha, enxaguava os pratos, assoviava entoadíssimo uma canção de Modugno. Sua voz era clara e presente.

— Seu pai foi chefe de unidade intensiva, não foi?
— Sim, em cardiologia.

Pôs-se a enxugar a louça.

— E como era com os médicos, com os enfermeiros?
— Sempre os defendeu. Pelo que me lembro, esse era um dos temas das pouquíssimas discussões que papai tinha à mesa com mamãe. Bem, não eram discussões de verdade, ambos estavam de acordo. Agora que penso nisso, eram os monólogos mais longos que ouvi de meu pai em toda minha vida. Papai falava do cansaço que fatalmente se acumula na unidade, tanto dos médicos quanto dos enfermeiros. E dizia que, infelizmente, quanto mais aumentava a carga de trabalho, que às vezes era descomunal porque eles eram subdimensionados em relação ao número de pacientes, mais se corria o risco de que

pudesse haver um erro. Era o sistema inteiro, dirigido por administradores incapazes e corruptos, a colocar todos em situação de risco, tanto os pacientes hospitalizados quanto o pessoal médico e de enfermagem.

Depois de colocar o leite para esquentar, Melo começou a recolher os panos estendidos. Estavam enxutos, mas úmidos. O ar do mar não perdoa.

— Te pergunto porque eu estava curioso.

— Do quê?

— De que, na prática, você já tivesse em casa todas as respostas que está buscando aqui.

— Em que sentido?

Agora que estavam recolhidos, começou a dobrar os panos.

— Não é que o trabalho de seu pai tenha sido muito diferente, como vejo eu — em termos gerais, digo — do trabalho que realiza o comandante da Capitania de Portos, por assim dizer. Por isso você também se interessou por esse fato: há, no meu modo de ver, um forte paralelo entre a Guarda Costeira e a Guarda Médica.

Paola tinha acabado de se levantar. Deu um beijo em Melo, cumprimentou-me com um rápido aceno de cabeça, sentou-se à mesa e começou o café da manhã com um pedaço de torta de maçã feita por ela um dia antes.

— Não é preciso que você me leve ao aeroporto, Paola.

— Melo não vai te levar — murmurou.

— Não? — perguntei.

— Não, me chateia dirigir assim tão cedo — foi a resposta de Melo. Tinha acabado de dobrar a roupa branca.

— Vou lá fora fotografar o amanhecer — ele disse. E desapareceu.

Paola se serviu de leite quente. Sorvia-o segurando a tigela com as duas mãos perto do rosto, como se fosse a única fonte de calor da vida. Depois acendeu o primeiro cigarro do dia.

Falou em voz baixa.

— O que está acontecendo em Lampedusa, e que acontece há vinte e cinco anos, é como um acidente de carro que continua a acontecer. Há os sobreviventes, os mortos e os feridos, e eu, que moro no edifício que dá para a rua do acidente, encontro os jornalistas que me fazem perguntas. Mas as pessoas que deveriam entrevistar são as que sofreram o acidente, são eles os sujeitos a serem ouvidos. Moro nesta casa por acaso, eles é que passaram por uma verdadeira aventura para chegar até aqui. Nós podemos oferecer os primeiros socorros, biscoitos, água, chá quente e virarmos quatro para ajudá-los a seguir viagem. Ao contrário, os verdadeiros sujeitos dessa história, os que deveriam ser ouvidos para compreender os tantos porquês desse êxodo em massa, são encerrados nos Centros e silenciados em seus direitos e razões.

Serviu-se do limoncello, apagou o cigarro e encheu o meu copo também.

— No fundo, ainda é noite — ela disse.

Levantamos os copos e brindamos em silêncio a algo maior do que todos nós.

Nascerá uma épica de Lampedusa. São centenas de milhares de pessoas que passaram pela ilha. Hoje falta ainda uma peça no mosaico deste presente, é justamente a história de quem migra. Nossas palavras não conseguem colher em cheio a verdade deles. Podemos nomear a fronteira, o momento do encontro, mostrar os corpos dos vivos e dos mortos nos documentários. Nossas palavras podem narrar as mãos que tratam e as mãos que levantam arames farpados. Mas a história da migração serão eles a narrá-la, aqueles que partiram e, pagando um preço inimaginável, atracaram nessas lides. Serão necessários anos. É só uma questão de tempo, mas serão eles que nos explicarão os itinerários e os desejos, nos dirão os nomes das pessoas trucidadas no deserto pelos traficantes de homens e a quantidade de estupros que uma menina de catorze anos pode sofrer. Serão eles que nos explicarão o preço de uma vida naquelas latitudes do mundo. Narrarão para nós e para eles mesmos a prisão na Líbia, e os botes tomados a cada hora do dia e da noite, a visão imprevista do mar depois de dias de marcha forçada e o silêncio que se impõe quando se levanta o siroco e são quinhentos num pesqueiro de vinte metros embarcado há horas. Serão eles a usar as palavras exatas para descrever o que significa atracar em terra firme depois de ter escapado da guerra e da miséria, perseguindo o sonho de uma vida melhor. E serão eles que nos explicarão o que se tornou a Europa e a nos mostrar, como num espelho, quem nos tornamos.

De onde há guerra não se foge de avião. Foge-se a pé e sem visto pelo simples motivo que vistos não são concedidos. Quando a terra acaba, sobe-se num barco. Parto, pois, da origem, que é uma fonte da qual brota a água que nos dessedenta. No fundo, é sempre a mesma história que se repete. Uma moça fenícia escapa da cidade de Tiro, atravessando o deserto até seu término, até quando os pés não aguentam mais seguir adiante porque em frente está o mar. Então, encontra um touro branco, que se abaixa e a acolhe no dorso, fazendo-se de barco e sulcando o mar, até fazê-la desembarcar em Creta. A moça se chama Europa. Essa é a nossa origem. Somos filhos de uma travessia de barco.

O naufrágio de 3 de outubro de 2013 ocorreu antes do amanhecer, a menos de meia milha da costa de Lampedusa, na altura da baía chamada Tabaccara. A dinâmica do afundamento foi impiedosamente simples: ao avistar terra firme, alguém, para fazer luz e assim marcar a posição da embarcação, pôs fogo em algo, talvez uma manta. Na barcaça havia diesel por toda parte. As chamas se expandiram logo pelo convés lotado. As pessoas recuaram instintivamente para não se queimar. O deslocamento imediato provocou um desequilíbrio implacável num arranjo já amplamente precário. O pesqueiro virou e em pouquíssimo tempo foi a pique.

Entre o convés e a cabine havia mais de quinhentas pessoas.

Os sobreviventes foram cento e cinquenta e cinco.

Os cadáveres resgatados do mar, trezentos e sessenta e oito.

A tragédia de 3 de outubro foi um divisor de águas. Pela primeira vez se viram, se resgataram e se contaram cadáveres às margens da Europa. As imagens dos corpos sem vida que boiavam no mar chegaram aos meios de comunicação do mundo inteiro. Havia até um feto recém-nascido, ainda amarrado à mãe pelo cordão umbilical. Na água não se via nenhum destroço e os cadáveres estavam espalhados por toda parte. Nas horas seguintes às primeiras imagens na TV, o mundo da política nacional e europeia tomou de assalto a ilha e desfilou diante das câmeras de televisão.

Um provérbio siciliano diz: *'u morto inzigna a chiàncere*.[4]

***

— Naquele dia eu já estava no mar. Tínhamos dormido no barco, como acontecia sempre nas noites de verão, tanto naqueles anos como nos precedentes. Isso não ocorreu mais nos anos seguintes. Não saí à noite de barco. Nem com os amigos, nem com outras pessoas, nem sozinho. Desde aquele dia a minha relação com o mar mudou completamente.

Encontrei Vito em sua casa. No centro da mesa tinha posto dois copos e uma garrafa de água gelada tirada da geladeira. Tinha destampado a garrafa e servido a água, para depois reposicioná-la exatamente entre mim e ele.
— Sempre trabalhei intensamente porque gosto de trabalhar. Comecei a trabalhar desde pequeno, ajudava

---

4 Um morto nos ensina a chorar. [N. T.]

papai na marcenaria. Depois me tornei programador mecanográfico, quando os computadores eram enormes, o menor tinha cerca de vinte metros quadrados. Quando terminava as canônicas oito horas de programador, voltava a ajudar papai na marcenaria até que, em 1973, me licenciei do centro mecanográfico para me dedicar inteiramente à marcenaria da família. Fazíamos decoração de interiores e instalação de feiras, o que me permitiu viajar o mundo inteiro. Depois cheguei aqui em Lampedusa no ano 2000, para relaxar, para me desligar da cidade e do trabalho. Estava verdadeiramente cansado. Bastaram duas semanas de férias para me apaixonar. Quando voltei para casa, decidi deixar o trabalho. Sentia com força a necessidade de voltar para cá.

Homens de fé, como meu pai, sustentam que, por mais inescrutáveis e misteriosos que sejam os desígnios celestes, é sempre o livre-arbítrio a agulha da balança que direciona o curso das coisas. E se os acontecimentos são determinados entre eles pelo concatenar-se de ações e reações, apesar de uma inegável mecânica da matéria, a fé ajuda a perceber a existência de algo misterioso. Podemos chamá-lo *intuito*, podemos chamá-lo *iluminação* ou, para ficar num âmbito escatológico, podemos chamá-lo *vocação*. É inexplicável, mas às vezes se experimenta claramente a sensação de sentir de verdade uma sugestão que chama através do tempo, ajudando — senão até mesmo empurrando — a abraçar determinadas decisões, mesmo drásticas, como se, num hipotético tabuleiro da realidade, todas as peças se movessem juntas, inexoravelmente, segundo uma trama invisível, para a qual cada peça singular realizará o próprio movimento, até a realização de um alinhamento exato de espaço e tempo e, assim, uma determinada pessoa se encontrará no lugar determinado e no momento preciso.

A salvar vidas humanas que estão se afogando no mar, por exemplo.

— Somente depois que todos os meus empregados conseguiram se estabelecer em outros lugares, pois nunca quis deixar ninguém na rua, fechei a marcenaria e comecei a viver minha vida em Lampedusa. Eu tinha cinquenta e dois anos.

Olhava-o através da garrafa, metade da sua figura, a parte de baixo estava distorcida pela água. Os ombros, o pescoço e a cabeça permaneciam imóveis. Vito me olhava e continuou a beber até que bebi a água que me tinha servido.

— Em 2007, me ofereceram uma embarcação desaparelhada, com dez metros de comprimento, que tinha pertencido a um pescador. Decidi me lançar um desafio e reconstruí inteiramente o barco. No ano seguinte fiz o exame náutico e tirei a carteira. Rebatizei o barco como *Gamar*, com as iniciais de meus sobrinhos, as alegrias da minha vida. Antes tinha um outro nome, e troquei-o porque modifiquei muito o casco, até torná-lo quase uma nova embarcação. Depois da tragédia de 3 de outubro, fui parado na rua por um amigo: «Oi, Vì, mas você se lembra do primeiro nome dado ao barco?». Claro que lembro. O barco se chamava *Nuova Speranza*. Era verdade, esse barco tinha dado uma nova esperança a todos os que foram salvos.

Esticou a mão e bebeu. Deixou o copo e não voltou a me olhar. Seus olhos estavam imobilizados pela parede em frente, branca e sem adornos. A superfície ideal para individualizar os fios invisíveis que tecem a nossa existência.

— Te conto um fato. Sou de Bari, era garoto, devia ter treze anos, encontrava-me no mar e tinha saído num bote de borracha, um daqueles redondos, feios, sem motor, junto com Toni, um garoto já maior de idade — disso me lembro bem, porque tinha carteira de motorista e dirigia. Antes de sair para o mar, da praia nos avisaram: «*Gagliò, statt accùrt, che sté vint sop a' terra!*», garotos, atenção, que esse vento sopra da terra. O vento que sopra da terra é perigoso. Leva mar adentro. Eu era totalmente sem experiência, mas Toni dissera: «Não se preocupe com o vento, que depois ancoramos». E saímos com o bote. A âncora constava de um cabo e uma pedra grande amarrada na ponta. Quando estávamos no mar, embora já tivéssemos lançado a âncora, percebi que nos distanciávamos da terra. «Toni, estamos nos distanciando!», eu dizia. «Ei, não se preocupe», ele respondia. «Se ele, que é grande, diz isso», eu pensava. Me tranquilizei. Quando chegou a hora de voltar, Toni me disse para puxar a âncora para voltar, eu puxei, mas a tal da âncora simplesmente não existia mais: o nó se havia desfeito e a pedra se perdeu, quem sabe onde e há quanto tempo. Estávamos muito, muito longe. Tentamos remar, mas não nos aproximávamos da margem de maneira nenhuma. Toni tomou uma decisão: «Pulo no mar com o cabo no ombro e começo a nadar». Entrou na água e eu, em silêncio, pensava: «mas como é que ele acha que vai transportar um bote desse jeito?». Experimentei remar, mas não obtivemos nenhum resultado com aquela manobra conjunta. Ao contrário, estávamos ainda mais longe. Toni, entretanto, tinha subido no bote. Começou a passar mal, vomitava, tinha cãibras no estômago, causadas pelo cansaço e pela agitação. Eu repetia que era inútil preocupar-se: tinha vento, sim, mas o mar estava calmo, e isso nos ajudou muito. Agitava continuamente a toalha para avisar a quem estava na praia que precisávamos de ajuda, convencido de que antes ou depois alguém nos avistaria. Porém continuávamos a nos distanciar. Os carros em terra firme se tornaram minúsculos. Em certo momento, do lado oposto, na direção do horizonte, vi que se aproximava de nós um pontinho que se tornava cada vez maior. «Quem sabe nos veem», eu pensava, «quem sabe nos veem». E nos viram. Era um pesqueiro. Estava voltando ao porto de Palese. Arrimou e a bordo um pescador nos gritou: «*Guagliò, ma add'o cazz ve n'avìt 'a ji?*», garotos, mas aonde caralho vocês pensam que vão? Subiram-nos com o bote e voltamos. Levamos uma hora e quarenta e cinco para atracar no porto.

Vito voltou a me olhar.
Serviu-se de mais água e voltou a falar.
O fio tinha sido encontrado.
Agora bastava somente dar de novo o nó.

— Os pescadores nos pediram que fôssemos à Capitania do Porto declarar o socorro. Mas Toni não quis, foi diretamente pegar o carro onde tinha estacionado, me deixando ali no porto a esperá-lo. Eu era inexperiente, era jovem. Hoje certamente teria ido à capitania para dizer: «Esses senhores salvaram nossa vida», porque tinham exatamente salvado nossa vida ao nos trazerem ao porto. Podia nos acontecer qualquer coisa. Essa lembrança do naufrágio me voltou à memória alguns dias depois do 3 de outubro. É como se me tivesse aceso uma lâmpada na cabeça. Disse a mim mesmo: «eis a minha história, de náufrago a salvador de náufragos». É um círculo.

Levantou o copo e bebeu a água. Bebeu com deliberada lentidão, como se fosse vinho, como se brindasse, décadas depois, à saúde daqueles salvadores da sua infância. Pôs o copo na mesa, depois a garrafa na beirada.
Não tinha mais nenhum obstáculo entre mim e ele.

— Naquela noite o mar estava tranquilo, sereno. Com amigos, saímos de barco, parando em Cala Tabaccara, para comer alguma coisa e nadar. Íamos sempre lá. Como de costume, voltávamos muito tarde, às duas ou três da madrugada ou logo de manhã cedo. Decidimos ficar na Tabaccara para uma pesca de arrastão no dia seguinte. Jantamos e fomos dormir. Estava tudo tranquilo, tudo escuro, tudo normal. Dormi embaixo, na coberta, os outros em cima, na cabine de pilotagem. Acordei porque ouvi o barulho da âncora içada com o sarilho e o do motor em marcha. Ouvi também que lá em cima estavam falando. «Mas o que é que aconteceu? Deve ser algum problema no motor», foi minha conclusão. Levantei imediatamente e me precipitei na cabine. «Mas o que é que aconteceu? Problema no motor?», perguntei. «Não, não», respondeu

Alessandro. Era ele que estava ao timão. «Ouço *vuciàre*», foi sua explicação. *Vuciàre*, você sabe, são os gritos, os lamentos. Mas nem eu nem os outros não ouvíamos nada. Além do mais, havia essas gaivotas, essas pegas. Emitem um ruído parecido com um lamento humano. «Alessandro, são os pássaros», eu disse. «Não, não, não. Ouço vozes, ouço vozes.» Ele estava tão convencido disso que não quis contrariá-lo. «Alessandro, aqui não se vê nada, ponha-se em marcha, vamos sair.» E foi assim que se pôs em movimento e saímos do promontório da Tabaccara. Havia gaivotas voando, havia pegas. «Está vendo? Está vendo?» Depois fui até a proa para olhar também de lá, pronto para repetir «Vejo que não há ninguém». Mas, de repente, vi uma faixa do mar cheia de pessoas que urravam. Que gritavam «*Help*!». Eram todas silhuetas negras. Tudo braços. E ali pensei: «há uma tragédia em curso». Eram pelo menos duzentas pessoas. Imediatamente disse a meus amigos para avisarem a Capitania do Porto, pois era impensável salvar todas aquelas pessoas, precisávamos de ajuda. Alessandro a chamou logo. Devo ser sincero: naqueles segundos experimentei um grande medo. Como conseguiríamos salvar todos? No barco já éramos oito. Quantos podíamos trazer para bordo? Dois? Três? Nada mais. Onde os colocaríamos? O medo durou dez segundos, não mais. Me dirigi à popa, me armei de salva-vidas e de cordas. «Alessandro, chegue perto deles.» E começamos a trazer gente para o barco. Estavam desesperados, nus, completamente sujos de combustível e, quando os recolhia, me escorregavam das mãos. Embarcamos três. Meus amigos lhes falaram em inglês — eu infelizmente não falo, isso me pesa tanto. «Perguntem-lhes quantos são!» E o rapaz que havíamos resgatado respondeu: «Quinhentos e sessenta». Mas na superfície não havia de fato quinhentas e sessenta pessoas. Foi então que tive certeza da dimensão da tragédia. Continuamos a puxar as pessoas. Sem contá-las mais. Sem pensar noutra coisa. Sem saber onde colocá-las. Pegar uma e continuar. Mais uma e continuar. Mais uma e continuar. Chegou, entretanto, uma outra barcaça, pequena, com pelo menos cinco metros de comprimento, mais baixa do que a minha. Era a *Nica*, o barco de Costantino. Olhei-a com o rabo do olho. Costantino recolhia esses rapazes do mar sem nem mesmo lhes dar a mão, puxava-os com força, agarrando-lhes as calças e jogando-os no barco. Conseguiu carregar vinte. Chegou um pequeno pesqueiro. Pensei: bem, mais uma ajuda. Mas foi o contrário: do pesqueiro, logo que viram que estávamos com aqueles pobres coitados a bordo, um dos pescadores gritou ao irmão: «Porra, chegue perto, esses bastardos estão jogando esses coitados no mar». Tinham-nos confundido com barqueiros. Não tinham entendido o que estava acontecendo. Um instante depois, passado o promontório, eles também viram toda aquela gente no mar. Começaram logo as manobras para carregar o maior número possível deles. O pesqueiro tinha as amuradas altas, foram obrigados a jogar cordas para baixo, esperando que os que estivessem no mar conseguissem agarrá-las para depois serem puxados para cima. Havia quem conseguia e quem não. Salvaram dezoito pessoas. Lá pelas sete e quinze chegaram da Capitania do Porto. Eles também começaram a recolher quem, ainda no mar, continuava a gritar, a chorar. Na tragédia, porém, essas pessoas tiveram sorte. Naquela noite soprou um leve siroco. E foi justamente o siroco que os salvou, porque ele sopra do sudeste em direção à ilha. Se, no lugar do siroco, fosse o mistral, não teríamos achado ninguém. O siroco lhes deu a primeira mão. Nós lhes demos a segunda. Com meu barco resgatamos do mar quarenta e sete pessoas, vivas.

Serviu-se ainda de água. Só no final se deu conta de que o copo estava cheio até a beirada. A água se tinha estendido até o limite, pronta para transbordar. Colocou a garrafa na mesa e deixou sair um suspiro longo e profundo.

— Quando vou ao porto para olhar o barco e vejo as boias espalhadas no mar, já sabe: as boias escuras me sobressaltam. Imediatamente penso que são gente que implora ajuda. Voltar ao mar foi feio. Feio. Nos impusemos, eu e meus amigos. Dissemo-nos: hoje temos de sair.

Havia passado uma semana. A primeira saída foi dramática. O olhar não se detinha mais onde costumava se deter. É ainda um olhar pronto para procurar alguém no mar. Aos poucos as coisas se modificaram ligeiramente, mas pouco, não de todo. Atrás de uma onda, continuo a ver as pessoas.

A mão pegou o copo. Ao levá-lo à boca, fatalmente, a água caiu, apesar da lentidão do gesto. As gotas permaneceram na mesa, pequenas poças prontas a evaporar no calor do início da tarde.

— Vi aqueles rapazes, sabe? Me chamam *Father Vito*. Me dizem: «*You are my father*». Estão em meus pensamentos todos os dias. Sofro um pouco de claustrofobia e sempre ao entrar no avião, no momento em que se fecham as portas e ele está parado, eu me agitava tremendamente. Passava mal. Agora, ao contrário, penso de repente neles. E não me acontece mais nada.

Permanecemos sentados mais um pouco, enquanto o canto das cigarras invadia a sala e o sol da tarde estendia seu domínio sobre a ilha.

***

A voz de Costantino era tênue, em contraste com o tamanho das mãos. Sua vida de trabalhador manual estava sintetizada ali, naqueles dedos robustos que quebraram pedra. Dedos e mãos estavam entrelaçados entre si, parados sobre a mesa, como instrumentos de trabalho em repouso durante uma pausa.

— Naquele 3 de outubro tinha saído com a *Nica*, meu barco, com meu amigo Onder. Tínhamos decidido sair cedo, logo depois do amanhecer, para sair na frente de outros pescadores e conseguirmos também pescar algo. Dirigimo-nos para a ilha dei Conigli. De repente, vimos um barco parado no mar. Era o de Vito. Havia muitas pessoas a bordo. E de uma vez, diante de nossos olhos, começaram a aparecer os corpos no mar. Estavam quase todos nus. Eu e Onder começamos a tentar resgatá-los, mas escorregavam das nossas mãos porque tinham o corpo coberto de óleo diesel. Apertávamos forte, mas não era possível pegá-los pelos braços, mãos, peito. Toda tentativa falhava. Conseguimos pegar o primeiro corpo graças ao cinto que usava, a mão segurava o cinto e o corpo do rapaz foi para o barco. Das outras embarcações vindas em socorro gritavam: «Deixem para lá os mortos, pensem nos vivos». Dedicamo-nos às pessoas que estavam vestidas, puxando-as pelas calças, pelas camisetas, pelo cinto. Um corpo depois do outro. Pegar a calça, agarrar o tecido, não havia outra possibilidade. Resgatamos dez homens, vivos. Movíamos o barco devagar, havia o risco concreto de atingir algum sobrevivente com o motor. Mas no mar pareciam todos mortos, todos. Ao invés disso, justamente na última volta, antes de transbordar os rapazes resgatados para a patrulheira da Guarda Costeira, com o rabo do olho vi mover a mão de uma garota que boiava. Foi dificílimo segurá-la. Estava toda coberta de óleo. Escorregava continuamente. Conseguimos, porém, tirá-la da água. Tirei a camiseta para enxugá-la, para limpar a gasolina dos braços e das axilas, para cobri-la. A garota vomitou gasolina, tossiu, vomitou de novo. Mas estava viva.

Costantino desfez o nó dos dedos e abriu as mãos.
Permaneceu em silêncio olhando suas palmas, como se fossem um livro, páginas de um passado que sempre voltava.

***

A pele de Simone é a de quem está sempre no mar, escurecida, endurecida pelo sol, pelo vento, pela maresia. Os cabelos, longos, tinham a cor das cordas de um navio. A barba era toda branca.

O amigo de Paola e Melo me esperava no cais de Cala Pisana, andando cinco metros para a frente e depois para trás, como um pêndulo. Seu passo vacilante parecia replicar o balanço dos barcos. Simone tinha necessidade de caminhar enquanto falava. É uma condição comum à gente do mar, a de se sentir incômoda com a imobilidade da terra. É preciso movimento para reencontrar o equilíbrio.

— Nós lampedusanos não fizemos nada especial, Davidù. É normal, não? Você vê alguém no mar, desce da coberta do barco e tenta pegá-lo. Quem quer que veja uma pessoa se afogando faz de tudo para salvá-la. Não somos heróis, nós.

Depois meu nome mudou nas suas frases. Virou «Ei, Dà».

«Ei», vocativo que convida à escuta, chamando para si a atenção. A que segue o nome truncado, do qual brilha somente a primeira sílaba, signo de confidência e de necessidade, porque é urgente o que se deve comunicar ao outro.

— Ei, Dà, naquela manhã eu nem devia ter saído de barco, mas acordei cedo, assim, saio para o mar às quinze para as oito. Na saída do porto penso: à direita ou à esquerda? À direita. E quase de repente topo com a barca de Vito. Estava carregada de gente. Mas o que está havendo? Acelero o motor ao máximo, quem sabe chego a tempo e posso ajudar. Cruzo com a Guarda Costeira e me fazem sinal com gestos para ir devagar, bem devagar. Deve haver algo na água. Ponho o motor no mínimo e navego a olho.

E na superfície do mar vejo uma camisetinha.
Um envelope de plástico.
Um documento que boia.
Um morto.
Uma calça.
Um par de sapatos.
Um morto.
Duas galochas.
Um bracelete.
Três mortos.

Me revolveu o estômago... resgato os primeiros corpos. São cadáveres. Não respiram. Pego outros. Também estão mortos. Todas as vezes espero que algum deles esteja vivo, ao contrário, estão todos mortos. E depois vejo boiar uma coisinha pequena assim. Um meninozinho. Quantos anos podia ter? Um ano? Dois anos? Tampouco ele respira, meu coração aperta. Chegamos muito tarde. Esse remorso me persegue, não ter conseguido salvar ninguém.

À tarde a Guarda Costeira me pede que ajude a localizar a embarcação, identificaram um ponto onde poderia estar depositado o pesqueiro. Volto para lá e mergulho. O mar naquele ponto tem a profundidade de uns cinquenta metros. Nado na zona indicada e de repente, como se fosse de propósito, vejo abrir-se no fundo uma mancha branca. É areia. E justamente ali, como se tivesse sido colocado do alto, o barco afundado. É um pesqueiro de cerca de vinte e cinco metros, imóvel naquele espaço branco. E em volta, como se tivessem sido depositados na areia, os cadáveres. Ei, Dà, nado e choro. Choro e nado. No espelho da popa do pesqueiro estão apoiadas duas pessoas. Estão abraçadas uma com a outra. As duas cabeças olhando para cima, como a olhar o céu. Nado e choro. Me cabe entrar no casco para entender a situação debaixo da coberta. Entro e encontro cadáveres por toda parte. Um sobre o outro, por todo o espaço, dentro de cada buraco. Há mortos em todos os lugares. Cadáveres sobre cadáveres sobre cadáveres. No pesqueiro há duzentos e cinquenta mortos. Não queria mergulhar nunca mais. Ei, Dà, juro, não queria mais ir para debaixo d'água. Se não fosse pelos clientes que já reservaram e viriam dentro de alguns dias, nunca mais mergulharia.

Simone mordia o lábio.
A testa estava salpicada de gotas de suor, como pontos deixados por uma coroa de espinhos.

***

Os cadáveres foram resgatados e depositados no hangar do velho aeroporto. Não havia uma construção capaz de acolhê-los todos. Enchiam uma superfície de centenas de metros quadrados, uma fila depois da outra, dentro de sacos pretos.

Eram uma constelação escura, no átrio mais ao sul da Europa.

— Todos os caixões estavam em fila e depois dois menininhos eritreus, um ao lado do outro, belíssimos, colocados no chão, só com a coberta a separá-los da terra. É assim que se fazem as coisas? Tudo bem que os caixões acabaram, mas a gente pode deixar os menininhos mortos no chão? Fui até o policial e lhe disse: «Mas você não faz nada?», e fui pegar um estrado de madeira, pelo menos assim estariam um pouco elevados. Eram mesmo lindíssimos os dois meninos, não teriam sequer quatro anos. Pensei nas minhas filhas. Meu estômago doía enquanto os colocava no estrado.

— Muitos cadáveres estavam irreconhecíveis, deformados pela prolongada imersão, erodidos pelo sal, mordidos pelos peixes. O mar tinha invadido órgãos e tecidos, alguns ossos tinham amolecido, o corpo estava inchado ao máximo. Em muitos casos, a pele arrebentou e os ossos se soltaram. A rigidez da morte estava ausente e não se reconhecia nem nos adultos nem nas crianças.

— Eram pessoas, mas pareciam esponjas.

— O prefeito tinha pedido ajuda a nós residentes para acolher os familiares das vítimas. A notícia do naufrágio teve desde o início grande repercussão internacional e os familiares das pessoas falecidas chegaram a Lampedusa. Quase todos vinham do norte da Europa. A chegada dos familiares durou um mês inteiro. Logo que desciam do avião, tinham crises de choro. E nós, o que podíamos fazer? Nós os abraçávamos.

— Os primeiros familiares a chegar andavam pelo hangar buscando algo — um sinal particular, um anel, uma pulseira, uma correntinha — que permitisse o reconhecimento. Porém, os corpos a serem reconhecidos não se assemelhavam em nada às lembranças e às fotos que traziam consigo. Moças pequenas tinham agora formas desmedidas. E no corpo a ser identificado faltava algo: um pedaço de perna, alguns dedos, os dois olhos, os pés, uma das mãos, as orelhas, um braço, o lábio inferior. Havia sinais de mordida por todas as partes.

— Quando havia reconhecimento, o suplício era inconsolável. Quando não havia, também.

— Uma semana depois da tragédia atracou no cais um navio contêiner para levar os caixões para a Sicília, onde foram sepultados os corpos, espalhados pelos cemitérios, sem uma ordem racional. Porto Nuovo estava lotado de parentes das vítimas. Os caixões tinham viajado do hangar até o cais em caminhões frigoríficos, como uma carga de peixe. Durante o trajeto, os parentes agarraram-se dos lados dos veículos, tentando colocar flores sobre os caixões, todos escuros, exceto os das crianças, pequeninos e brancos. Os caixões foram carregados no avião graças ao auxílio de uma empilhadeira que os levantou com um braço mecânico. No embarcadouro todos choravam.

***

No momento em que a barcaça virava, estava em Amsterdã para uma residência do programa *Writer's Residency*. Em agosto tinha morrido meu amigo Totò. Um tumor no cólon o deixou seco em menos de cinquenta dias. Vi meu amigo murchar diante de meus olhos. A cada visita minha pesava sempre alguns quilos a menos.

— O que lhe pareceu? — perguntara Silvia, vendo-me voltar abatido de uma das últimas visitas ao hospital.

— Parece uma passa enrugada.

Era verdade. Totò parecia uma pétala, cada vez mais leve. Que murchasse não só parecia injusto, era verdadeiramente veloz, demasiado inestancável. Não conseguia assumi-lo. «Demasiado» era a única palavra que conseguia usar pensando nele, usada sempre em sentido negativo. Demasiado perto da morte. Demasiado longe da sua normalidade. Demasiado doente para se curar.

Não falei mais de Totò. Com ninguém. Evitava o assunto. A vida abandonava meu amigo, desvelando-lhe a ossatura, e eu não podia fazer nada.

Totò tinha sido proprietário e animador de Altroquando, que chamar de loja de revistas em quadrinhos seria redutor. O local do Corso Vittorio Emanuele II em Palermo foi própria e verdadeiramente um centro cultural, no qual se organizavam apresentações e encontros com desenhistas, e foi o ponto de referência para o movimento de reivindicação dos direitos LGBTQ+. Quando eu vivia em Palermo, durante anos, descia cedo de casa todas as manhãs e ia até a Altroquando. Totò saía e tomávamos um belo café no bar, depois voltávamos para a loja, eu pegava um monte de quadrinhos ao acaso, despedia-me de Totò, voltava para casa para lê-los, lhe devolvia na hora do almoço, ficando com aqueles que ia comprar, e ia embora para comer junto com Ballarò e o Capo. Era a glória. No final de junho de 2013, ao contrário, a descoberta do tumor e em agosto o falecimento.

Em meu peito se abriu um abismo. Fechei-me em mim mesmo. Não era capaz de suturar a ferida, porque só ao pensar que Totò não existia mais tinha vontade de chorar bem forte, mas não chorava. Meus olhos se enchiam de lágrimas, mas eu as retinha, em torno de mim havia toda uma rede de proteção pronta para me recolher, mas continuava a me entrincheirar no sofrimento, porque não conseguia ver nada que não fosse minha dor e meu luto.

A última vez que fui visitá-lo no hospital, dois dias antes de sua morte, Totò estava em pleno choque de morfina. Sorria, movia-se lentamente, era evidente que não decifrava mais a realidade. Na penúltima vez, uma semana antes que seu coração parasse, Totò me contou uma história.

Buda e um de seus discípulos se dirigem ao Templo. Numa encruzilhada encontram uma mulher. «Bom dia», Buda a cumprimenta. A mulher responde ao cumprimento. Buda e o discípulo retomam o caminho e ao entardecer chegam ao templo. Quando Buda se encaminha para rezar, o discípulo lhe fala: «Mestre – diz – não é o senhor que prega o desapego de tudo? Por que então cumprimentou a mulher na encruzilhada?». E Buda responde: «Olha, eu deixei a mulher lá, você é que a trouxe aqui para dentro». E foi rezar.

Foram as últimas palavras lúcidas que meu amigo me dirigiu.

Carreguei comigo aquele mal-estar interior até Amsterdã. Não conseguia escrever nada e o mundo me havia oferecido desculpas perfeitas para me compadecer de mim mesmo.

Depois ocorreu a tragédia diante da costa de Lampedusa. Algo disparou dentro de mim. Tinha me colocado disponível para publicar, durante minha estada, um diário on-line para o blog *Nederlands Letterenfonds Dutch Foundation for Literature*. Em 3 de outubro de 2013 escrevi, no calor da hora, o que se segue:

Caminho ao longo do canal, observado pelas casas de mil olhos de Amsterdã.

Acabou de chegar o eco da tragédia de Lampedusa, o número de cadáveres que se continua a resgatar em alto-mar é altíssimo e a cifra final não chega nunca. É uma conta que não tem piedade.

O céu se move, visto na água, sempre. A ponte que corta o canal permite admirar este paradoxo: as coisas celestes tremem e as coisas dos homens permanecem firmes. Os diques dos canais, os vidros das janelas, a geometria irregular das casas apoiadas uma na outra como irmãos que acabaram de superar um desafio.

Dois namorados se abraçam diante de um barco no ar tépido desse início de outubro. O céu nos brinda com um azul terso e, na imagem que a água restitui, os reflexos de luz cintilam como breves vaga-lumes, engolidos rapidamente por algo demasiado sereno e distante para compreender em cheio as atribulações e as alegrias de quem habita esse lado da vida.

Aqui, no coração da Europa, é forte a memória da severidade do mar. Está escrito na pele da cidade, cujo rosto é marcado por rugas salgadas.

Quem tem marinheiros entre seus habitantes conhece as regras.

O mar respira, diferente do céu.

O mar dá e tira vida, quando ele decide, justamente como o céu.

Agora o mar, o mesmo mar que acabei de alcançar, acompanhado pelos canais, e que banha toda a costa da Europa, está cheio de corpos mortos, migrantes naufragados durante essa odisseia de desesperados.

Os peixes também voltarão a se alimentar de carne humana.

Um gato me olha, enquanto dois rapazes de bicicleta pedalam de mãos dadas.

Me vem à mente um poema de Ungaretti, o contexto é completamente diverso, e, no entanto, para mim, fala exatamente da alma de quem está se arrebentando no mar, depois de ter experimentado fugir da miséria, separando-se da vida com essa morte na água.

> *Agora o vento se fez silencioso*
> *e silencioso o mar;*
> *tudo cala; mas grito*
> *o grito, só, do meu coração,*
> *grito de amor, grito de vergonha*
> *do meu coração que arde*
> *desde que te olhei e me olhaste*
> *e mais não sou que um objeto frágil.*
> *Grito e arde meu coração sem paz*
> *desde que já não sou*
> *mais do que uma ruína abandonada.*

No final, tudo se reduzia a estas duas simples verdades: não voltaria a ver Totò e o tempo transcorrido juntos foi uma bênção. Na última página do diário on-line, finalmente enfrentei de peito aberto aquele luto privado.

Um vislumbre de luz tinha começado a rasgar as trevas da minha angústia.

Silvia me sustinha a cabeça e eu me apertava contra ela.

Transcorreram pouco mais de três semanas desde 3 de outubro.

Querido Totò,

Passou tanto tempo desde que você me falou de seu período em Amsterdã. «Era 1974 — você me dizia enquanto acendia o enésimo cigarro —, a Itália derretia como chumbo, descobria a heroína e eu era um rapaz de uns vinte anos enjoado de meu país e ávido para ver o mundo». Mas Amsterdã — a Amsterdã que eu pensava encontrar nas suas palavras — não estava em seu relato: nenhuma casa inclinada, nenhum canal cheio de geometria, nenhum quadro de Vermeer. Suas anedotas celebravam o modo como você se esforçava para sobreviver, listando os mil trabalhos executados e os sofás usados como cama; evocavam o sabor da cerveja gelada e a tranquilidade de um baseado fumado ao ar cálido; recordava os olhos dos seus namorados, pobres rapazes sem dinheiro como você, exceto um, um cinquentão canadense rico além do imaginável e, no entanto, generoso, que, por algum tempo, quando você voltou para a Itália, continuou a te mandar envelopes com algum dinheiro dentro. Lembra, Totò? Atingido esse ponto do relato, você imitava a abertura da primeira carta recebida dele, repetia com o rosto a surpresa ao descobrir o dinheiro em valor estrangeiro e estourava de rir e seus olhos voltavam a ser meninos, e eram gemas engastadas entre as rugas de seu rosto de rei shakespeariano. Porém, devo confessar que me sinto mal quando eu, exultante, te disse que eu também iria viver em Amsterdã por algum tempo, graças a uma residência de escritores e você só me respondeu: «Depois me conte como estarão as folhas, Davidù». Ainda não podia entendê-lo, Totò, não prestava a devida atenção a certos aspectos do mundo, você ainda estava vivo, o tumor tinha acabado de ser descoberto e já então eu não estava preparado para a ideia de que você pudesse morrer de verdade. Nesse sentido, não estou ainda hoje. Todas as vezes que penso em você tenho ainda vontade de chorar. Comecei a te apertar com perguntas contínuas porque tinha elaborado um plano infalível: «Onde você se alojou? Há uma rua, uma praça, um canal, um coffee shop *de que você se lembra mais do que outros? Talvez ainda exista e posso ir até lá, e quando eu voltar, conversamos». Queria conhecer a sua geografia pessoal, Totò, lugares para fotografar e depois na volta te mostrar. Pensava que era um belo plano, estava convencido de que teria funcionado, «Olha, aqui mudou tudo! Tal e qual, está igual a antes», talvez aliviasse o seu mal. Porém, a vida não segue os planos geniais e decide seu curso com plena autonomia e de modo imperscrutável. Algo foi mais veloz que o calendário, não consegui te mostrar as fotos e você foi embora antes que eu partisse. Por isso me encontro agora em Westerpark, Totò. Aposto que você também esteve aqui, é aquele parque comprido, lembra? Hoje há pessoas de bicicleta, rapazes que tomam sol, anciões que passeiam, gente que pratica yoga, crianças que brincam e um equilibrista que procura o sentido da vida em pé sobre um fio. Espalhadas por toda parte, as árvores. Têm troncos robustos embora não muito grossos, consigo tocar as mãos quando as abraço. As cascas são marrons e verdes porque invadidas pelo musgo, e, nos ramos jovens e atrevidos, as folhas estão mudando de cor. Me dou conta só agora, Totò: eu errei sempre quando penso no outono, não é, de fato, uma estação cinza, mas uma sinfonia de cores que se fundem uma na outra, em harmonia. O verde, o azul, o amarelo, o marrom, o vermelho, em todas as gradações, e o céu que alterna branco e azul, e as mil luzes da cidade que reluzem na água e nos vidros. Nenhuma estação tem tantas cores como o outono. E as folhas, Totò, as folhas de Amsterdã são amarelas, são verdes, são vermelhas, e tremem ao vento e dançam para todos, para o equilibrista e para o menino, para os cães que trotam e para mim, para os anciões e para os seus olhos de 1971, quando você tinha ainda vinte anos e sua barba não estava branca. E seria bonito voltar só para te trazer uma folha colhida aqui, riríamos juntos porque você haveria derrotado o câncer e eu me sentiria melhor e, ao contrário, não, este outono carregado de cores acabará e chegará o inverno e haverá chuva e frio, e eu tenho simplesmente tanto medo porque o único verbo que poderia usar referindo-me a você será no passado, mas aqui na minha frente as folhas vibram ao vento, e agora conheço a resposta e, sabe, meu amigo?, é um esplêndido outubro aqui em Amsterdã, os rapazes continuam a se amar, a cerveja é sempre gelada, as casas permanecem inclinadas e as folhas, Totò, as folhas estão amarelas, estão verdes, estão vermelhas e estão lindíssimas.*

***

Nos últimos meses aconteceram coisas.

Tio Beppe era sempre visitado por meu pai em Reggio, ficava em sua casa um par de dias. Passeavam pelos sítios arqueológicos onde tia Silvana trabalhava, tiravam fotos juntos e o tio as enviava para mim pelo WhatsApp, acompanhadas de mensagens do seguinte teor: «Olha quem veio me visitar». Estava tão orgulhoso de que meu pai tivesse viajado para ir à sua casa que eu não cansava de imaginá-lo rindo quando me enviava essas mensagens. Às vezes escrevia «um a zero para mim». Às vezes, «Olha meu irmão na minha poltrona». Às vezes «Falta só você». Meu tio estava lutando contra a carência de glóbulos brancos. Numa ocasião foi internado com urgência com mais de trinta e nove graus de febre, permanecendo uma noite em observação. Deram-lhe alta porque se havia recuperado graças aos fármacos. De noite dormia mal, de modo que se acostumara a adormecer no sofá da casa, seja de manhã ou de tarde. Tinha começado a seguir um curso de violão, não tocava havia trinta anos e com frequência atacava o ritornelo de *Sei nell'anima*, de Gianna Nannini. Me perguntou quais eram meus romances italianos preferidos e comprou os que não tinha lido. Apreciou especialmente *La vita agra* e *Una questione privata*. Declarou também que se sentia pronto para reler seu romance preferido, *Il Consiglio d'Egitto*, de Sciascia.

Papai tinha aprendido a fotografar as pessoas. Tinha feito, bastante naturalmente, a passagem do objeto inanimado ao sujeito vivo, de carne e osso. Era como se a natureza-morta tivesse sido o tirocínio necessário para abordar o ser humano. O objeto lhe tinha permitido refletir sobre a própria intimidade e sobre o mistério da vida em si.

— A ferrugem pode ser, à primeira vista, um símbolo de consunção, algo que não pode ter redenção — me dissera.

— E, ao contrário, mesmo algo inútil com a ferrugem é capaz de criar formas fascinantes que, desdobrando-se no espaço, sugerem perspectivas novas.

Com o primeiro plano, porém, meu pai investigava o ser humano em relação à enormidade do existente. Nas fotos de rostos havia inocência, medo, prostração. Papai tinha feito uma série de retratos muito potentes dentro das paredes do hospital. Aquelas eram suas latitudes, os lugares dos quais conhecia na palma da mão trajetórias e pontos de bloqueio. Tinha falado com os colegas e se tornou invisível, sabendo bem como se comportar para respeitar a esterilidade de um ambiente, a prioridade do pessoal, a intimidade dos pacientes, a não ser nunca violada.

— Em relação às fotos dos objetos, com as pessoas trata-se de captar um instante e, para captá-lo, é preciso antecipar o clarão. Isso, como tudo na vida, é mais simples se a gente experimenta fazê-lo com o que se conhece muito bem.

Começou a me telefonar uma vez a cada três semanas. Era muitíssimo em comparação ao nada dos quarenta e dois anos anteriores. Me falava, sobretudo, das visitas ao tio Beppe na Calábria.

— Cansa-se facilmente. Me levou para ver um vilarejo no interior totalmente destruído pelo terremoto. Tirei fotos interessantes, principalmente dos guardas da área. Tinham rostos de uma fixidez notável. Pedras, pareciam.

Ao retratar os rostos, meu pai advertia o desfibrar-se da existência. Seu irmão estava vivo graças à terapia. Assim, fotografar tinha se tornado instrumento e fim, pergunta sobre o sentido de existir e resposta. Em última análise, era o modo através do qual meu pai buscava um diálogo com Deus, no qual conviviam a tentativa de compreensão e o abandono consciente ao mistério da existência.

***

Chamei papai pelo celular.

Não me acostumava ao fato de que pudesse me responder fora de casa.

Para mim, a possibilidade de localizar uma pessoa sempre foi, antes do advento do celular, uma condição desfavorável própria dos médicos. O médico expiava essa disponibilidade em casa. «Hoje estou localizável», diziam no almoço mamãe e papai. Até o dia seguinte o hospital podia chamá-los em qualquer momento. O telefone de casa poderia tocar a qualquer hora da tarde ou da noite. A espera-de-um-telefonema-que-talvez-não-chegue--nunca criava uma persistente condição de precariedade. O trabalho tinha seguido meus pais até dentro de casa, sentava à mesa conosco, irrompia no quarto. Eram dias peculiares, quando estavam localizáveis e nos quais a linha telefônica tinha de ficar livre e as atividades realizadas pelos meus pais não eram nunca vividas plenamente: os livros eram mais folheados que lidos e a música era usada como fundo para os pensamentos. Creio que mentalmente repassassem mil vezes o trajeto mais veloz para chegar de carro ao hospital. Às vezes, a chamada de localização chegava, outras não.

— Oi, papai.

— Oi.

A telefonia celular mudou tudo. O socorro no mar, por exemplo. Quem zarpa é diligentemente instruído: depois de um par de horas se ligará para determinado número, responderá a Guarda Costeira Italiana. Lendo as coordenadas do satélite no telefone, se comunicará sua posição e se esperará o socorro. É um mecanismo que funciona, se as correntes são muito fortes, se as ondas não são muito altas, se os botes não fazem muita água.

— Você está em casa?

— Não, em Poggioreale. Estou fotografando as ruínas do terremoto de Belice.

Quando eu estava a passeio ou em viagem, o único modo de falar com a família era utilizar o telefone público, no máximo um telefone de fichas de algum bar na montanha.

— Como é isso de fotografar ruínas?

— Muito potente. Embora esteja a poucos quilômetros da autoestrada, o vilarejo está deserto desde 1968. Infelizmente, prefere-se ignorar o grito desses vilarejos cheios de silêncio. Ao contrário, essas vozes deviam ser enfrentadas e ouvidas a fundo, porque nos colocam problemas reais há diversas décadas.

Para conseguir falar, marcava-se um encontro geralmente pouco antes do jantar, colocava-se a ficha, falava-se com a família, isto é, com a mãe, o indispensável: estou vivo, estou comendo, estou tomando banho, fiz novas amizades.

— Papai, você volta a Lampedusa comigo?

— Claro. Quando?

Era necessário criar um contrato exato entre o emissor e o receptor, confirmando ambos a presença nos lugares designados para a comunicação.

— Voltamos pela ocorrência de 3 de outubro.

— Me parece justo.

O telefone fixo criava catedrais sentimentais. Agarrado ao de casa, fiquei sabendo do nascimento dos meus últimos dois irmãos e da morte do vovô. Numa cabine telefônica que hoje não existe mais sussurrei «Te amo», numa outra chorei, em outra as fichas acabaram antes que eu conseguisse dizer «Desculpe, sinto muito». Eram cabines consideradas, com razão, mais afortunadas do que outras.

— Vamos ficar na casa de Paola e Melo, em Cala Pisana.

— Perfeito. Não deixe de me dizer a data exata, assim antes vou ver o tio Beppe.

Tinha uma perfeita cartografia das emoções, um mapa que desvelava uma rede de relações entre o ser humano e o tecido urbano. Às vezes, na frente da cabine havia fila. Acontecia sempre com aquelas afortunadas. Discutiam-se os próprios problemas com perfeitos desconhecidos. É mais fácil abrir-se com quem não se conhece. Era um aquecimento para expressar as ideias antes de dizer ao telefone «Sinto a sua falta», «Adeus», «Preciso te tocar». Às vezes, na fila, esboçavam-se paqueras de vinte minutos. «É a sua vez», «Fiquei feliz de falar com você», «Eu também», «Então tchau e boa sorte». Habitar um lugar era também impregná-lo com os próprios sentimentos, dando-se ao luxo de consignar a comunicação ao encaixe exato e não reproduzível de espaço e tempo.

***

Se o dia está claro, durante o voo Palermo-Lampedusa pode-se observar a Sicília do alto. O interior alterna zonas áridas e ermas com vales exuberantes. Os mananciais, dispersos pelo território, foram um dos primeiros instrumentos de poder — a divisão da água — com o qual a máfia adquiriu o controle da região. Depois de alguns minutos de voo, quando a aeronave se dirige ao norte para depois virar ao sul, ao fundo, desde os montes que a circundam, recorta-se a minha Palermo, aberta no seu abraço ao mar e a quem vem do mar, cidade devotada ao acolhimento desde o nome, *Pan Ormus*, todo porto, lugar de atraque e partida. Depois, o alternar-se de vinhedos e cultivos junto a ruínas e rochas até que, de repente, branco como uma prece, desdobra-se o Cretto de Burri sobre os restos de Gibellina destruída pelo terremoto de Belice. Visto daquela altura, o Cretto lembra as mortalhas com que se cobrem os mortos. Um filtro, o lençol branco sobre o cadáver, no qual se fundem o respeito e a piedade. O último trecho que se vê da ilha é o litoral interminável, em que a areia, agredida nas costas pela vegetação mediterrânea, alternando-se com brancas rochas calcárias, subjuga por quilômetros e quilômetros. Depois é só mar a perder de vista. Algum pesqueiro, um petroleiro, um hidroplano.

O vulcão apagado e com um pequeno porto aos pés é Linosa, depois ainda mar até a erma, plana, negra Lampedusa. O avião desce progressivamente, dando a impressão de aterrar na água. Logo que se desce do aparelho, de repente Lampedusa se lhe joga para cima. Luz, maresia e vento o atropelam, enquanto a vontade de se jogar no mar aumenta junto com o desejo de comer peixe.

***

— Esses dias estou em greve, não quero falar sobre isso, não falo com ninguém. Venha assim mesmo para minha casa, mas é como se eu não estivesse. Mas fez bem em voltar, assim veem com os próprios olhos o que acontece.

Ao telefone Paola tinha sido categórica.

— Ela não superou o 3 de outubro — admitia Melo sem meias-palavras. — Sofreu muito na época e todo ano espera que esse dia termine o quanto antes.

Chegamos em casa, tomamos posse dos respectivos quartos e, visto que a celebração seria na manhã seguinte, saímos para dar uma volta.

— Vamos ver o Centro, papai?

— Vamos.

Atravessamos o vilarejo, fustigados por um sol abrasador. Subimos até o alto da costa escoltados por três vira-latas.

— O buraco ainda existe? — meu pai perguntou.

— Sim, ali atrás, em algum lugar. Mas não me escutava mais. Estava parado, com as mãos nos bolsos e a máquina fotográfica pendurada no pescoço, sem nenhum desejo de fotografar, com a cabeça noutro lugar. As formas do Centro, rígidas e quadradas, para ele deviam remeter não a um cárcere, mas aos corredores de um hospital. Ele pensava em seu irmão, tinha certeza disso.

Quando tia Nunzia morreu, papai me pediu para acompanhá-lo ao velório que seria na casa de Capaci, onde a tia viveu a vida toda. Eu tinha nove anos. Apenas conhecia tia Nunzia, era uma tia-avó, e nessa ligação familiar se esgotava toda sua vida para mim. Deitada na cama, parecia minúscula sob o véu branco. Tinha os braços sobre o peito, as mãos em concha sobre o coração e um terço entrelaçado nos dedos ossudos. Morreu solteira. Junto à cama, sentadas em cadeiras de madeira escura, vovó e sua irmã a choravam. «Pobre Nunzia, que pena», diziam, as sílabas cortadas pelos suspiros. Vovô estava na cozinha com os outros homens, todos sentados em volta da mesa de mármore branco. Ninguém abria a boca. Estavam tomando café. Único som percebido: a colherzinha que mexe o açúcar na xícara, ação executada por todos, exceto pelo avô, que bebia o café rigorosamente amargo. Meu pai deve ter aprendido com ele.

— Papai — lhe tinha perguntado num momento impreciso da minha infância, eu devia ter uns quatro anos — por que todo mundo toma café com açúcar e você não?

— Eu gosto de sentir o sabor do café.

Durante a vigília na cozinha, foi oferecido café para mim também. Eu era muito novo, tinha nove anos, uma idade muito respeitável. A oferta do café se consumou no mais rigoroso mutismo: bastaram o olhar de um dos presentes para uma xícara vazia e um movimento meu de cabeça para nos entendermos. O avô me serviu o café da cafeteira colocada no centro da mesa. Um senhor — não tinha ideia de quem fosse — me passou o açúcar. Fiz seguidamente sinal de não com a cabeça, até recuando dois passos. O avô reagiu àquela minha negação com suma satisfação. Tinha até dado para ver um início de sorriso no canto dos lábios. Devia estar tão orgulhoso de mim que se tinha permitido aquele sintoma de felicidade reluzir na severa moldura do luto. Depois que tomei o café, a fenda do mundo entre «homens mudos na cozinha» e «mulheres em lágrimas diante da morta» foi reparada justamente por mim e papai. Entramos na sala da vigília e paramos um pouco diante do corpo morto de Nunzia, em religioso silêncio. Talvez tenha rezado mentalmente uma ave-maria e uma salve-rainha, não me lembro bem. Despedimo-nos da avó com dois beijos, um em cada face, apertei a mão de todas as velhas da sala, voltamos para a cozinha, nos despedimos dos presentes com uma leve inclinação de cabeça e o avô pôs a mão no meu rosto, acariciando-me com uma carícia longa e profunda.

No caminho de volta, papai de repente se pôs a falar.

— Viu a tia Nunzia? Estava tão pequena na cama. Foi uma pessoa tão doce, tão gentil.

As mãos no volante, os olhos pregados no asfalto. Estava tudo projetado à frente.

— Não estudou, não foi à escola, mal lia e, no entanto, tinha uma inteligência a seu modo refinada, não dizia uma palavra fora do lugar, suas opiniões eram muito ponderadas.

Com quem papai estava falando naquela volta pela estrada? Porque, com certeza, não era a mim que se dirigia.

— Alguém poderia dizer que tia Nunzia viveu uma vida frugal, mas dentro de si guardava um grande tesouro. Uma pessoa não se reduz aos livros que leu. Era um serzinho, pequena e minúscula, mas muito preciosa.

Talvez o carro fosse o único lugar onde papai falava em voz alta. Em casa devia haver muita algazarra, comigo e meu irmão que gritávamos sempre. No hospital, devia ser impossível conseguir achar um momento e um espaço para si. Ao contrário, dentro do veículo, com o braço para fora da janela, papai tinha encontrado o lugar ideal para avaliar, analisar, ponderar. O carro devia ser seu retiro secreto.

Senti-me sortudo por estar ali.

— Há uma série de interrogações, todas ligadas entre si, até no próprio sentido da vida. Onde buscá-lo? No trabalho, no estudo, numa atividade manual, na fé? Tia Nunzia não era casada, não teve filhos, no entanto, nunca me pareceu infeliz. Emanava dela uma tal calma, uma tal serenidade...

Naquele dia, a inevitabilidade do luto se lhe mostrou o que era de verdade: era a única certeza da existência.

— Há mais riqueza num único ser humano do que em todos os livros do mundo — concluiu, depois de um longo silêncio. Papai não falou mais o resto do dia. Creio que tinha decidido ajoelhar-se, imolada toda a soberba, diante do mistério imperscrutável da vida e da morte, sua serva. Olhava fixo para a estrada à frente e apertava o volante com as duas mãos, como se fosse o único ponto de apoio restante a impedir a queda no abismo.

**

Antes do jantar, na noite de 2 de outubro, deixei papai discutindo com Melo na copa e telefonei para tio Beppe.

— Foi uma coisa do caralho.

Começou assim, com o palavrão que não usava nunca e que traía todo o terror que tinha experimentado.

— Agora estou bem, Daviduzzo, mas ontem me levaram de novo para o hospital, porque tinha mais de trinta e nove graus de febre. A segunda vez em vinte dias. Hoje, porém, estou recuperado e foda-se.

Como os adolescentes, eu pensava, o tio usa os palavrões para se dar força.

— Deixa eu te contar uma coisa engraçada a respeito dos ciclos que se encerram. Trinta e um e 47 correspondem a que na *smorfia*?[5] Minha avó Giovanna — e esta é uma das poucas lembranças que tenho dela — nas poucas vezes que esteve em Palermo, me mandava jogar os números na loto. Sonhava sempre com o morto que fala, o 47, e o jogava junto com o 31. Tenho uma nítida lembrança de ter jogado algumas vezes para ela essa combinação numa casa lotérica. Eram quantias modestas, poucas liras. Alguma vezes, na idade adulta, joguei por brincadeira essa mesma combinação. E ontem, durante a internação, o que me acontece? Me levam um jornal na cama. O olho dificilmente acaba pousando nas extrações da loteria. E ontem, ao contrário, foi a primeira coisa que li. Estava convencido de que era uma alucinação. Hoje voltei a olhar

---

5 Loteria napolitana em que, a casos e situações cotidianas ou sonhadas, corresponde um número específico. [N. T.]

para assegurar-me. Saíram em Palermo como primeiro e segundo número o 47 e o 31. Minha avó ficou sabendo que fui internado! E ninguém acredita!

Desatou a rir. Escutei uma risada. Era densa e deixava entrever de que poço de desespero acabava de sair. Somente quando se extinguiu, lhe falei.

— Você contou a papai sobre a internação?

— Não, não. Não lhe conte, senão depois se preocupa. Aproveitem Lampedusa. Estou me fodendo para o linfoma, puta merda. Um abraço forte.

Talvez tenha se cansado. Talvez o pensamento de meu pai preocupado o tenha abalado. O medo tinha aflorado de novo em suas sílabas. Se tinha uma pessoa de quem meu tio tinha pavor de se separar era meu pai. O amor deles era tecido de contínuos olhares à distância, como o viticultor e a vinha, que se entendem e se amam de longe, tocando-se apenas quando é tempo de colheita. Era um sentimento elaborado estando cada um no seu quarto, de onde, abrindo uma fresta, o olho certificava a presença do outro e essa presença enchia o coração.

— Então, tchau, Beppuzzo.

— Daviduzzo, espera, quero te contar uma última coisa, de novo a respeito dos círculos que se fecham.

Escutei-o, guardando tudo dentro de mim, enquanto calafrios percorriam minha espinha e o pé direito batia compassadamente a areia de Cala Pisana.

— Está confirmada a reunião mais tarde, Paola?

Devia ter acordado muito antes do amanhecer. Provavelmente, não tinha dormido, de fato. Respondeu com um aceno da cabeça que podia significar tudo e nada. Fumava e olhava o mar, como quem perdeu um amigo querido e, não achando uma via de saída no aniversário desse dia, concede alma e corpo ao tormento da memória, esperando que o calendário restabeleça a distância com o luto.

O dia estava quente, fazia quase trinta graus.

— Quem sabe depois entramos no mar — tinha dito meu pai.

— Quem sabe.

Eram muitas as celebrações do 3 de outubro, sem relação entre elas. Cada associação — mas se poderia dizer cada pessoa — celebrava a sua, num potente parcelamento da memória, espelho da fragmentação que se respira na ilha. Uma marcha era organizada por uma associação, uma celebração inter-religiosa na igreja de outra associação, a parada do Governo e das autoridades europeias pelo aparato militar. A ilha pululava de jornalistas e câmeras de televisão, prontos para irem embora no dia seguinte, quando a estação estiva estaria oficialmente terminada e Lampedusa voltaria a esvaziar-se, até o verão seguinte. Papai transcorreu uma boa meia hora a fotografar os cães que dormiam sob as marquises para se proteger do primeiro e quente sol matutino. Acariciava-lhes o dorso. Tinham passado onze meses, mas ele voltara, como prometido.

Notamos muitos pesqueiros regressando ao porto.

— O que aconteceu? — perguntamos no embarcadouro.

— Vieram a Tabaccara para recordar.

Formavam uma pequena frota. Tinham optado por uma celebração íntima, longe do clamor midiático. Depois de atracar, muitos pescadores fizeram o sinal da cruz, beijaram o indicador direito, dirigiram o beijo com um rápido olhar para Cala Tabaccara e se despediram.

Pelas ruas do vilarejo caminhavam alguns sobreviventes, que tinham voltado de propósito para a celebração. Desorientados ante a presença de todas aquelas câmeras, andavam em grupos, ombro a ombro, como uma falange.

— Pobres coitados — foi o pensamento de um ancião ao constatar como andavam unidos. — Tudo o que pedem é um túmulo para poder chorar, uma lápide diante da qual rezar para os parentes e os amigos que morreram diante de seus olhos. Ainda hoje não existem túmulos que levem seus nomes. Não pedem outra coisa. E nós, o que lhes damos em troca? Nenhuma reposta e as câmaras dos telejornais na hora do almoço apontadas para suas caras.

Passamos no quartel da Guarda Costeira. Foi uma visita decisivamente breve, só o tempo de tomar um café com o comandante.

— O que o senhor faz? — perguntou o comandante a meu pai enquanto lhe apertava as mãos.

— Cardiologista, aposentado.

— Conhece então as situações de emergência?

— Conheço muito bem.

Vi brilhar uma centelha nos olhos de ambos, uma sorte de tácito pacto ao qual não teriam acrescentado nada na presença de quem, como eu, não pertencia àquela peculiar confraria que cotidianamente toca a morte com a mão.

Logo depois o telefone do comandante pôs-se a tocar.

— Me desculpem, um momento.

A chamada era de uma patrulheira em missão. Tinham sido resgatadas algumas horas antes mais de cinquenta pessoas e, enquanto as estavam transportando para um navio da Marinha para o transbordo, tinham interceptado um bote com cento e cinquenta e quatro rapazes a bordo.

— Em que condições estão? Péssimas? Bem, vejamos.

O comandante não revelava nenhum nervosismo, devia ser seu modo de não transmitir ansiedade.

— E vocês, como estão? Tudo bem? De acordo, prossigam com o resgate, nos falamos quando a operação tiver acabado.

Olhou-nos com o telefone preso entre o ombro e o pescoço, abrindo um pouco os braços como para se desculpar. Despedimo-nos com um rápido aceno da cabeça.

— Não acaba nunca — meu pai estourou, descendo as escadas do quartel. E o disse como médico, como se tivesse novamente vestido o avental branco e o mundo fosse o paciente a ser tratado. Parou para olhar o mar. Permaneceu ali, a confrontar-se com a vastidão de água salgada. Se estivéssemos no carro, provavelmente teria exprimido em voz alta o turbilhão de pensamentos que o atravessava.

Estava firme, mas era pura aparência.

— Levo você a um lugar, papai, esperemos que esteja aberto.

Seguiu-me sem fazer perguntas, esforçando-se por manter meu passo.

No verão, quando era pequeno, eu, papai e meu irmãozinho íamos à Natura. A Natura era uma trilha no bosque que começava na casinha de meus avós maternos em San Martino delle Scale e chegava até lá em cima, na praça do vilarejo. Na Natura, no alto dominava a retorcida trama dos ramos das árvores, no chão havia um tapete de folhas que iam macerando e junto, como companheiro de viagem, corria um pequeno riacho. O trajeto era acompanhado pelo som feliz da água que fluía. A luz se filtrava entre os ramos, criando um dramático efeito claro-escuro. Eu avançava saltando de uma zona iluminada para a outra, como se fosse o único caminho a percorrer para não se perder no bosque. Quando corria muito rápido, virava de repente. Papai estava ali, de mãos dadas com meu irmãozinho, sem tirar os olhos de mim. Quando chegávamos à praça, papai comprava o jornal e o lia sentado no bar, saboreando um café, meu irmão tomava um sorvete e eu jogava um videogame, o Frog. Voltávamos para casa percorrendo o caminho ao contrário. Num dos primeiros passeios a Natura, papai tinha achado um bastão alto como ele. Bastão de comando, eu o chamava. Levava-o sempre com ele, apoiava-se nele durante as paradas e ditava assim ao mundo o tempo do caminho. Para mim, comandar era poder executar estes gestos: guiar por uma trilha, vigiar quem caminha, ditar o tempo de avançar e de parar. Queria crescer só para herdar o bastão. Queria ficar grande para ter a força de segurá-lo com uma mão só, justamente como ele. Meu pai parecia então um homem feito, mas era só um jovem.

Descemos a escada do beco muito estreito, onde os adolescentes lampedusanos se dão as mãos jurando amor eterno.

— Estamos indo a Porto M., numa tentativa de testemunhar o que está acontecendo. Os rapazes do coletivo Askavusa de Lampedusa recuperaram nos últimos anos alguns objetos que ficaram nas embarcações atracadas na ilha. As primeiras chegaram nos anos 1990. Como não se sabia o que fazer com elas, foram todas empilhadas na esplanada em frente a Porto Nuovo, uma em cima da outra. Em pouco tempo a esplanada se tornou um verdadeiro e próprio cemitério de barcaças. Quando estava abarrotado, levaram-nas embora. Hoje, na esplanada, restam apenas quatro. Ali estão, vê? Mais parecem um esquecimento do que o resultado de um trabalho de limpeza que ficou incompleto.

Falei-lhe de Franco, um marceneiro da ilha, que em 2009 foi testemunha de uma tragédia invisível.

— Tinha atracado uma barcaça, resgatada em alto-mar pela Guarda Costeira. Quando as pessoas desceram, todos ficaram surpresos por vê-las paradas ali, no cais Favaloro, olhando o horizonte. Esperavam uma barcaça gêmea. Tinham escapado em duas. Havia irmãos e irmãs na outra barcaça, os filhos e os pais, os amigos e os companheiros de prisão. A segunda barcaça não atracou nunca. Devia ter mais de quatrocentas pessoas a bordo. Aconteceu duas semanas depois do terremoto de Aquila. Falou-se muito pouco disso. Na ausência de cadáveres, a notícia não existe. No entanto, para quem se encontrava no cais foi um golpe duríssimo. Franco ficou perturbado como nunca em sua vida. Caminhando, notou duas madeiras entre os restos de uma barcaça, uma sobre a outra. Parecia um crucifixo. Ele é católico e a cruz é um símbolo no qual se reconhece. Decidiu assim fazer cruzes com a madeira das barcaças chegadas a Lampedusa e dá-las ao maior número possível de pessoas. Era seu modo de sensibilizar.

Papai observava a esplanada onde por anos existiu o cemitério das barcaças.

— Quem sabe o que viram essas tábuas de madeira? — murmurou. Sua voz era débil, um suspiro escapado do fluxo dos pensamentos.

— Uma das cruzes de Franco foi adquirida pelo British Museum. Os sinais que dizem respeito a Lampedusa se multiplicaram e se difundiram por toda parte. Depois daquela tragédia fantasma, Franco e alguns amigos restauraram um velho galpão, onde instalaram uma ducha, numa espécie de gesto de caridade — sem alarde. Levavam para lá os garotos que escapavam do Centro pela fenda na cerca, para que pudessem tomar banho, para lhes dar roupas limpas, meias, camisetas, cuecas, moletons. Pouco a pouco, mesmo os que se colocavam contra os rapazes começaram a deixar diante do galpão sacolas com xampu, sabonetes, sapatos, calças. Viam andar pela rua pessoas desnutridas, descalças, reduzidas a farrapos, então tentavam ajudar nas necessidades básicas.

Havíamos chegado a Porto M.

— Está aberto, vamos entrar.

Os objetos expostos nas paredes, colocados nas prateleiras, se impuseram logo sobre qualquer outro pensamento.

— Parece um museu — papai sussurrou. Observava os objetos e imediatamente devia colocá-los em perspectiva, porque contavam sem cerimônia uma parte crucial da vida de quem tinha enfrentado a viagem. O modo como se parte. O que se leva junto. O que se considera indispensável. O que se elege como companheiro de aventura.

Começou a fotografar. A objetiva da máquina fotográfica como extensão do olhar diagnóstico. Meu pai atuava como médico.

Objetos encontrados nas barcaças: tênis, chinelos, cantis, garrafas plásticas, sacos de pano, xícaras de cerâmica, garrafões de vidro, copos, uma garrafa de leite de amêndoas, uma caixa de leite, pacotes de açúcar, sucos de fruta de caixinha, potes de plástico para comida, latinhas de refrigerantes, porções individuais de geleia, maços de cigarro, envelopes de tabaco, isqueiros, saquinhos, remédios, pastilhas, supositórios, pomadas, comprimidos, sprays, frascos, escovas de dente, dentifrício, pentes, *nécessaires*, prendedores de cabelo, cremes, batons, brilho para os lábios, barbeadores, pomadas contra picadas de insetos, bolsas a tiracolo, frascos de especiarias picantes, garrafas de azeite de oliva, vidros de tomate, um envelope de ketchup, garrafas de leite, uma coca-cola em lata, uma lata de *bitter*, uma lata de atum, um pacote de lenços umedecidos, pacotes de massa, sucos de maçã, envelopes de chá, latas de conserva, panelas, tampas, pratos de vidro, chaleira, cafeteiras, fornos elétricos de camping, pinças, facas, cadeados, chaves de fenda, chaves, tesouras, celulares, vestidos pretos, vestidos azuis, vestidos estampados de flores, jeans, chales, um pareô, camisetas, carteiras, anéis, fitas cassete, CDs de música, a Bíblia, o Alcorão, livros de reza, equipamentos rudimentares de pesca.

Eu caminhava e ele me seguia a uns dez metros de distância. Quando não o via mais, parava. Sabia que estava examinando algo através da objetiva. Um perfil, um muro gretado, um cadeado fechado há anos. O sol estava alto. Eram dez da manhã, fazia calor e o mar era uma maravilha. Papai devia ter atingido um número de fotos satisfatório, de fato tinha apertado o passo e, alcançando-me, perguntou:

— Onde estamos indo?

— Ao cemitério.

Fica em Cala Pisana, na encosta mais alta da enseada.

Tínhamos voltado ao ponto de partida.

Diante do portão de entrada estava Paola.

Menos de cem metros em linha reta separam o cemitério de sua casa.

— Sabe que foi ela que se ocupou em redigir as inscrições nos túmulos de quem morreu no mar?

— É mesmo?

Paola vacilava, mas a dimensão do estupor de meu pai devia ter sido tal que desfez seu compromisso grevista, induzindo-a a responder.

— Primeiro, não havia nada escrito, havia só as datas gravadas no cimento. Com uma associação da qual então eu fazia parte, mandamos uma carta ao velho prefeito, dizendo-lhe que pretendíamos consertar os túmulos, deixando escrita uma memória nas lápides. O prefeito, por um lado, nos intimou a não fazer nada, depois ele mesmo o fez em pessoa. Foram colocados cartazes que diziam: «imigrante não identificado, sexo masculino, etnia africana, cor preta».

— É verdade que puseram isso nos túmulos?

Depois acendeu um cigarro.

— Sim, esses eram os cartazes expostos. De fato se armou uma confusão dos diabos. O prefeito se defendeu dizendo que tinha copiado o que estava nas fichas dos cadáveres. Foi o novo prefeito que me encarregou pessoalmente de substituir as velhas inscrições por outras mais decentes. Passei dias e dias diante da folha em branco, desafio quem quer que seja a entender o que escrever sobre pessoas mortas que não se conheceu. Refletindo, tinha, porém, entendido, que os únicos dados que eu podia reportar diziam respeito às circunstâncias do achamento dos corpos e suas mortes. A primeira foi Ester Ada, uma moça falecida durante o socorro no mar, as circunstâncias exatas da morte nunca foram esclarecidas. Salvou-se mais de uma centena de rapazes do Pinar, um barco da marinha mercante turca. Contudo, nosso governo de então se negou a dar ao barco a permissão para entrar nas nossas águas, assim, Pinar permaneceu cinco dias ao largo com o corpo de Ester a bordo. Depois de cinco dias, a permissão foi dada e o barco atracou em Lampedusa, desembarcando os rapazes e o corpo de Ester.

Paola tinha se encaminhado para o cemitério.

— Foi celebrado um ritual religioso com uma grande participação dos residentes, principalmente das mulheres lampedusanas.

Seus passos se fizeram mais rápidos. Embocamos por uma ruela lateral e depois de poucos metros os pés de Paola pararam.

— Aqui está Ester.

A inscrição dizia: «Em 16 de abril de 2009, um barco da marinha mercante turca, Pinar, rumo à Tunísia, socorreu uma embarcação em dificuldade. Apesar das condições proibitivas do mar, a tripulação do barco conseguiu salvar, conduzindo-os a bordo, 155 imigrantes, todos de origem subsaariana. Para o barco foi transferido também o corpo de Ester Ada, 18 anos, nigeriana. Por quatro intermináveis dias, Pinar permaneceu a 25 milhas ao sul de Lampedusa, retido por uma absurda queda de braço entre o governo maltês e o governo italiano, que se recusavam a acolher o barco. Somente em 20 de abril foi autorizada a entrada do barco nas águas italianas. Os imigrantes foram finalmente acolhidos em Lampedusa».

Não ventava naquela manhã e, no entanto, Paola tremia. Levantou o nariz, depois falou sem me olhar. Era como se as forças que restaram estivessem concentradas em pronunciar aquela frase.

— Falem com ele.

E indicou um senhor ancião com um regador na mão indo em direção a um túmulo. Depois se encaminhou para a saída, parando a menos de uns doze passos.

— Vocês vêm para o almoço?

Perdido o rumo, precisava de um objetivo.

— Sim, claro.

Ainda não se movia.

— Por que você não prepara uma bela massa com peixe-espada e beringelas fritas? Você faz tão bem! — disse-lhe.

Paola começou a concordar com a cabeça.

— Coloque também um pouco de menta bem fresca.

Paola levantou a mão direita, como se dissesse «Sim, com certeza», concordou ainda, e recomeçou a caminhar para casa, mancando a cada passo.

As inscrições nos túmulos não eram definitivas. Não podiam ser. Afirmavam o que era conhecido: o sexo de quem estava enterrado. Depois, uma sucessão de indeterminações.

«Provavelmente de origem subsaariana.»
«De idade entre 20 e 30 anos.»
«De idade entre 30 e 40 anos.»

Em seguida, a data de resgate do corpo, que frequentemente não coincide com a data efetiva da morte.

O nome, o país de origem, permanecem desconhecidos.

O senhor que Paola nos havia indicado estava esperando. Tinham falado ao telefone. Chamava-se Vincenzo e de 1978 a 2007 fora simultaneamente guardião, auxiliar no resgate dos mortos, encarregado da câmera mortuária, soldador de caixões, coveiro, servente, pedreiro e jardineiro do cemitério de Lampedusa.

Contou-nos sobre a primeira barcaça vinda do mar e da qual se ocupou diretamente.

— Estavam todos mortos. A corrente a tinha empurrado para o porto. Era 1996.

As autoridades militares o chamaram porque o fedor dos corpos em decomposição era tão forte que ninguém tinha conseguido aproximar-se da barcaça. Para resgatar aqueles cadáveres, Vincenzo teve de dar um pulo em casa. Ali, pegou a plantinha de menta que tinha na varanda e, com ela debaixo do braço, retornou ao porto. Arrancou algumas folhas de menta, enrolou-as e as enfiou no nariz. Não bastava. O fedor era ainda muito forte. Então preencheu com a menta a máscara que tinha acabado de comprar na farmácia. Só então conseguiu aproximar-se dos cadáveres. Eram doze. Vincenzo os levou para a câmara mortuária do cemitério, onde limpou um por um.

— Naqueles anos enterrei mais de oitenta pessoas mortas durante a travessia do Mediterrâneo.

O cemitério foi mesmo construído pelas suas mãos. Vincenzo plantou as árvores, levantou as muretas, criou as alamedas, achou o espaço para enterrar quem tinha chegado do mar. Continuava a voltar ao cemitério todos os dias, a pé, quando a saúde permitia. Varria as folhas, limpava as alamedas, levava flores, molhava as plantas. Desde quando se aposentou, ninguém mais cuidava dessas tarefas. A água que estava levando com o regador servia para isso, para prolongar o culto dos mortos mesmo diante dos que não se conhecia.

Aqueles primeiros doze cadáveres foram enterrados num espaço que Vincenzo criou no centro do cemitério. Eram onze homens e uma mulher. Os homens foram dispostos ao longo de uma fila horizontal, um ao lado do outro. Depois chegou a vez de enterrar a garota. O pedaço de terra disponível era só aquele, então Vincenzo, para dar à garota a intimidade de que precisava, plantou um oleandro e a sepultou atrás do arbusto, para que as folhas e a sombra a protegessem de tudo, do sol e do inverno, do mistral e dos maus-olhados. Para cada túmulo fez uma cruz de madeira. Nos anos seguintes, criou uma polêmica, porque alguém disse que alguns mortos eram muçulmanos e a cruz não era um símbolo adequado para eles.

— Para mim, nenhum ser humano é diferente do outro. Aqui tratamos as pessoas assim: as sepultamos debaixo da terra à sombra de uma cruz, porque somos todos iguais. Podemos ser pretos, verdes ou vermelhos, mas por dentro todos temos ossos brancos.

Vincenzo recomeçou a caminhar, um pequeno passo depois do outro. Diante de uma fila de cruzes, regou as plantas, tirou as folhas, varreu o mármore, mudou as flores. Quando terminou, se encaminhou para a saída, virou-se uma última vez e acenou para nós em despedida.

***

Eu tinha quatro anos. Estávamos em Marina de Tusa. A praia não tinha areia, só pedras, assim, para entrar no mar era preciso caminhar de braços abertos para manter o equilíbrio, depois, logo que os pés tocavam a água, mergulhava-se, porque o mar ficava fundo de repente. Papai me levou com ele e depois, segurando-me debaixo do braço, me olhou sério.

— Pronto?

Não tinha ideia a que se referia.

— Sim — respondi. Era sempre a resposta certa para conquistá-lo, quando propunha algo.

— Vamos ver um filme de ação?

— Vamos a Natura?

— Vem comigo à estação para pegar o tio Beppe.

Sim, papai.

A qualquer coisa que me pedisse.

O mar lhe chegava ao peito. A correntinha de ouro com Jesus Cristo na cruz parecia um peixe que lhe girava em volta do pescoço. Eu não tocava, mas sentia quentes as mãos de papai debaixo do braço. Ele então me sorriu.

— Então, está pronto?

— Sim.

Então me jogou longe, onde o mar era azul-escuro e nem para ele dava pé.

Comecei a nadar furiosamente. Vi, porém, que papai estava sereno. Hoje entendo que por dentro devia sofrer um conflito pavoroso, entre a urgência de vir me pegar e a espera de que me saísse bem sozinho, com o risco de que me afundasse e bebesse muita água. Mas ele não se movia e continuava a me olhar. Aquilo só tinha um significado: meu pai confiava em mim. A fúria foi se tornando menos caótica e os braços começaram a alternar os movimentos com as pernas. Aconteceu. Boiava, justamente como ele. Senti arrepios na espinha e o orgulho explodir no meu peito. Eu sabia nadar. Meu pai tinha apostado em mim e não o decepcionei.

Passei o resto do verão dentro d'água. Aprendi nado livre e a mergulhar em apneia.

Na minha infância era mais fácil falar com meu pai.
— Como bato os pés?
— Assim.
— E quando fico cansado?
— Se faça de morto que você boia e respira.
— E se tem corrente?
— Nem entre na água.
— E se passar um polvo?
— Fique firme, observe, e quando estiver perto, agarre-o com um gesto seco.

Descobríamos a vida, eu nomeando as coisas pela primeira vez e ele tentando explicá-las para mim. «Por que o sol é quente?» «O mar pensa?» «Quem morre sonha?»

Nadávamos juntos, uma braçada depois da outra, o ar se pega uma vez à direita, a outra à esquerda, os pés se movem em ritmo constante, se tensionam os músculos abdominais, a barriga para dentro. Eu me alinhava com ele e seguia sua trajetória, ele era muito mais rápido do que eu, mas o sulco traçado era claro e me sentia feliz de nadar atrás dele, porque tinha uma direção a seguir enquanto estava aprendendo a usar o mar como uma coberta quente, capaz de esquentar o coração durante o inverno futuro da vida.

***

Paola estava à mesa. Acendeu um cigarro enquanto outro, esquecido, se consumava no cinzeiro.

Era devorada por fantasmas.

Melo era uma apoteose de inquietação. Sentado no sofá, controlava obsessivamente o monitor da câmera de segurança apontada para o portão da casa enquanto folheava um livro que fechava depois de poucos segundos, então se levantava, pegava outro livro, dava uma olhada no monitor, levantava-se de novo, andava pela sala. Passaram-se assim uns bons quinze minutos. Papai, sentado lá fora na varanda, olhava as fotos pela tela da máquina fotográfica. De repente, Melo se pôs de pé. No monitor da câmera de segurança tinha entrevisto um pontinho que se encaminhava para a casa. Atravessou descalço o pátio e foi abrir o portão.

— Paola, Simone chegou!

O nome do amigo pareceu despertá-la do torpor.

— O que você está fazendo aqui?

Eram onze e meia e fazia um calor de trinta e dois graus.

— Melo me convidou para comer, e queria cumprimentar Davide e seu pai.

Paola esboçou uma resposta, gesticulou com as mãos, mas permaneceu muda.

Simone se sentou à mesa.

Melo fingia desinteresse, mas era evidente que toda sua atenção se concentrava ali.

— Ei, Pà — começou Simone. Depois ficou em silêncio. Somente quando Paola voltou a olhar para ele, recomeçou a falar.

— Aconteceu. Feito.

— Quando? — perguntou Paola, franzindo a testa e se aproximando do amigo.

— Agora. Atraquei dez minutos atrás, nem banho tomei.

Paola abriu o maço de cigarros. Era chegado o momento de aprender a fumar conscientemente.

— Me conta — disse, de novo concentrada no presente.

Melo deixou escapar um sorriso, depois se esticou, pegou um livro e fingiu ler.

Simone contou que foi contatado por um jornalista da televisão.

— Queriam fazer uma reportagem sobre o 3 de outubro. Aí, Pà, me pediram para acompanhar o mergulhador para as tomadas debaixo d'água. E sabe onde? Na Tabaccara.

Em situações extremas o homem não era como o descrevem os livros.

— Eu não mergulhava desde então.

Não se sabia se sua ação correspondia a um pequeno apocalipse ou a um ato de fundação.

— Assim, respondi sem pensar. «Ok, mergulhemos», nos disse. Mergulhei há duas horas, Pà.

Simone tinha me dito o que mais gostava no mar.

— O silêncio. E a música que você sente dentro de si quando observa o mundo debaixo d'água.

Perguntei-lhe qual a coisa mais bonita que tinha admirado durante uma imersão.

Iluminou-se, respondendo-me num átimo.

— O tubarão.

— Não teve medo?

— Não, é lindíssimo. Minha adrenalina subiu, mas é estupendo ver um tubarão vivo. Se move com uma lentidão solene. É um imperador. Um espetáculo.

E todo seu corpo vibrava de alegria.

— Ei, Pà, sabe que continuo a ver os mortos? Quando no telejornal dão notícia dos resgates no mar, todas as vezes me dá vontade de chorar. E se estou sozinho em casa, porque minha mulher e filhas saíram, as lágrimas descem, sozinhas, sozinhas. Deviam me levar ao psicólogo, deviam me obrigar a falar com alguém. Os mortos que vi na ponta da barcaça, ainda tenho todos dentro de mim. E, no entanto, voltei a mergulhar justamente lá. Assim, de supetão, sem pensar nas consequências. E sabe de uma coisa? Nos restos pousados no fundo do mar agora há corais, há algas, há peixes que nadam em volta. Da primeira vez havia só os cadáveres, hoje o mar transformou tudo. Vi uma superação da morte. Um retorno à vida. Desculpe, não sei dizer melhor, mas sei que me entende, Pà. Sei que compreende o que quero dizer.

Paola deu as últimas duas tragadas no cigarro e o apagou, insistindo na ação, repetidamente. A fumaça logo se dispersou.

Paola sorriu para Simone e ele sorriu de volta.

De repente, levantou-se da mesa.

— Melo, venha, abra a janela, que vou fritar as berinjelas para o almoço.

Os olhos de Melo brilhavam.

— Mas você não pode abrir?

— Não, você.

— Por que eu?

— Você abre melhor.

E foi para o fogão.

Melo, que estivera mudo toda a manhã, voltou a lamentar-se.

— Faz muito calor, não suporto estar de pé. Que massa está fazendo?

— Peixe-espada e berinjelas.
— Com um pouco de calaminta?
— Claro.
— Então resisto com grande esforço até o almoço e depois me deito.

Simone tinha saído, comunicando-nos que ia passar em casa para pegar o vinho, tomar banho e que voltaria por volta de uma hora, uma e meia, duas no máximo.

— Oi, Beppuzzo.

Naquela noite de 2 de outubro, tio Beppe tinha ainda algo a me dizer.

Estava cansado, mas não queria desligar.

— Daviduzzo, espera, quero te contar uma última coisa, ainda a propósito dos círculos que se fecham. Diz respeito também a seu trabalho. Na cama a meu lado está internado um rapaz líbio, menor de idade, que chegou com o pai numa barcaça. Atracaram em Lampedusa. Esse rapaz tem um tipo de leucemia muito grave. O pai vela por ele. É uma pessoa muito digna. Frequentemente reza ao lado do filho, em voz baixa. Esse senhor entende o italiano e falamos um pouco. «Talvez Deus seja um só, com nomes diferentes», disse-lhe. «Pode rezar um pouco para mim?», e ele me tomou a mão na sua e começou a rezar em árabe e os sons que emitia naquela litania eram muito doces, tão diferentes daqueles gritados que escutamos na TV. Me comoveu. Depois apoiou a mão na minha fronte e soprou, os dedos se abriram e a prece terminou. Logo pensei nos círculos que se fecham, Daviduzzo, você está escrevendo sobre Lampedusa e também sobre mim e me encontro aqui com duas pessoas desembarcadas em Lampedusa com as barcaças. E, no meu coração, agradeci também nosso sistema sanitário, que me oferece — a mim, que trabalhei nessa instituição por anos, e a esse rapaz, que enfrentou o mar — o mesmo tratamento e as mesmas atenções, como é justo que seja, e então ele e eu somos vizinhos de leito, nesse quarto de hospital, lutando juntos por algo belo como a própria vida.

E depois nos despedimos, e tudo naquele momento parecia ser de fato o penúltimo capítulo de uma história que se encerra.

Na casa de meus avós, no quarto de tio Beppe, havia um jacaré empalhado. Tio Rocco o tinha trazido, o mesmo que lhe deu o jasmim-manga na volta de um período em que foi ser aventureiro na América Central. Voltando à Sicília, desembarcou do navio com esse jacaré embalsamado debaixo do braço, presente para sua irmã, minha avó. Ela não gostou nem um pouco, tio Beppe, sim, vovô se absteve e a opinião de meu pai foi conclusiva, cujo ascendente sobre sua mãe era enorme. Papai sustentou que o achava muito bonito, e assim aquele absurdo jacaré empalhado entrou no quarto de tio Beppe e ali ficou, em cima do armário, como um guardião benigno. Quando eu passava as noites na casa dos meus avós dormia sempre no quarto do tio, que não vivia mais em Palermo havia anos. Cumprimentava o jacaré com um respeitoso aceno de cabeça, depois me sentava atrás da ampla escrivaninha que tinha o tampo de vidro e duas gavetas ao lado. Numa, estavam as moedas estrangeiras dos muitos países que meu tio visitou. Na outra, muitos esqueletos de canetas-tinteiro. Observava traços da sua vida naqueles objetos, imaginando sua proveniência. Saqueei o seu armário. Suas camisetas me caíam muito bem. No correr dos anos usei todas. Era um modo de senti-lo por perto. Aquelas camisetas sabiam a América e norte da Europa e eu me sentia lindo quando as usava e menos intimidado pelas garotas. De frente ao armário, ao lado da cama de cor verde-oliva, pousava no canto uma velha guitarra clássica com cordas metálicas. O tio, quando eu era criança, antes que seus dedos desaprendessem os quatro acordes em cruz que tinha aprendido, tocava para mim *Rock 'n' Roll Suicide*, sussurrando a letra inteira, porque hesitava cantar em voz alta.

Quando foi estudar nos Estados Unidos, esteve em Coney Island.

— Até entrei na água! Era maio, fazia um frio de morrer.

Uma imersão nos lugares de seus heróis.

— E como era o mar? — perguntava.

— E como devia ser? Dava nojo.

E ria com a sua bela risada de menino que sabe que cometeu uma diabrura, na qual inocência e malícia convivem num nó inextricável e uma tenaz alegria de viver continua a resplandecer no fundo dos olhos.

Eu e papai saímos para a varanda.

O ar estava todo invadido pelo perfume carnal da berinjela frita.

— Papai, Beppe estava mal.

— Eu sei. Telefonei para ele esta manhã.

O mar era uma mesa. Nenhum vento lhe encrespava as águas. Era verde, azul, era azul-escuro.

— O que te disse?

— Teve um problema de vesícula. Podem ser cálculos nas vias biliares que provavelmente se moveram. Só faltava essa.

Meu pai olhava o horizonte. Tinha os braços cruzados, para refletir melhor, para livrar os ombros do peso do próprio conhecimento médico.

— Mas falei com ele ontem. Me disse que era só febre e que estava se recuperando. Me falou também do seu vizinho de leito.

— Não queria preocupar você.

O rumor da água rompendo nos escolhos de repente me pareceu fortíssimo.

— O que ele tem?

— Mal-estar, dor, náusea. Será preciso uma cirurgia de remoção, provavelmente com uma endoscopia. A coisa não seria grave em si, o problema é a baixa imunidade em que se encontra, consequência direta do tratamento. Qualquer ninharia pode se transformar em tragédia. Beppe me disse: «Mas essa vesícula não poderia esperar um ano e se manifestar logo que o tumor fosse superado?».

Senti um aperto no estômago.

— Como ele está?

— Deprimido. Esta manhã me falou novamente do jasmim-manga, de quanta satisfação lhe dava toda essa floração tardia. Identificava-se com ela. É um pensamento que de qualquer maneira o ajuda a chegar ao fim de cada dia: até quando a planta estiver florescendo não pode me acontecer nada.

Naquela manhã me perguntava por que meu pai não tinha tirado uma foto de seu irmão.

E agora entendia.

Nenhuma foto pode ser mais precisa do que o sentimento que se experimenta pela pessoa amada. Eram mais que irmãos. Eram o vocabulário em comum, escrito junto desde o início da vida.

Minha respiração ficava irregular.

Tudo estaria perdido ou seria acolhido por algo maior?

— Papai, o tio está morrendo?

Não queria mais repetir o erro cometido com Totò.
Devia falar do que me fazia mal.
Meu pai pôs a mão no meu ombro.
Virei para olhá-lo.
Nas rugas mais marcadas, na brancura dos cabelos, nos sinais do tempo esculpidos no rosto eu podia ler quarenta e dois anos de vida, a minha.

Olhando-me com seus olhos azuis, papai abriu os braços, com as palmas das mãos para cima, encolheu os ombros e sacudiu levemente a cabeça.

Não sabia.
Não podia saber.
A ninguém é dado conhecer o futuro.
Depois, com um aceno da cabeça, apontou diante de nós.
Tinha o mar à frente.
Era de uma beleza comovente.
Tinha razão.
Não havia outra coisa a fazer.
Regar o jasmim-manga, admirar seus brotos, gozar de seu perfume, estar no presente tratando de ser digno diante do que aconteceria.

Então me libertei da ansiedade e me entreguei aos pensamentos felizes que me faziam ficar bem: o verão em que meu pai me ensinou a nadar, os passeios com o tio, o abraço de Silvia, o perfume de funcho e berinjela frita que dominou o ar. Entretanto, minha respiração se tinha acalmado, eu e papai tiramos a camiseta, os sapatos e as calças e, de calção, já havíamos entrado no mar e nadávamos, benditos pela canícula do meio-dia, um ao lado do outro, até a ponta da enseada, uma braçada depois da outra, as mãos abertas para acolher, o dia a deslizar sobre a pele e o horizonte à frente, imóvel, inalcançável e sem limites.

Não eram cálculos na vesícula.
Era o linfoma que se espalhava por toda parte.
O corpo do tio Beppe estava se rompendo por dentro.
— É necessário um segundo ciclo de quimio.
A voz de papai ao telefone era medida.
— Isso não era necessário, não era necessário mesmo.
Era no silêncio entre as palavras que se aninhava o desconforto.
Passava agora mais tempo em Reggio do que em Palermo.
Era mais fácil encontrar o tio na hematologia do que em casa.
Quando fui visitá-lo no hospital, fiquei imediatamente impressionado com a magreza do rosto. As bochechas chupadas, as maçãs salientes, igual a Totò. Era a morte que seca, que evapora a água da vida, descarnando o ser humano. Dentro, deveriam até tremer-lhe os ossos. Mas seus olhos, no entanto. Os olhos do tio não tinham

mudado. O olhar era o mesmo: irônico, pleno de estupor. Um olhar bom. Olhos de menino emprestados a um corpo que se estava desfazendo.

— Está muito mal mesmo — disse a Silvia, agarrando-me a ela com um abraço.

As condições pioravam dia após dia.

A balsa fazia água.

Meu pai não comia a comida, a devorava. Cortava a carne com força excessiva, faca e garfo batiam continuamente no prato, os bocados que engolia eram muito grandes, mastigava com veemência, era como se quisesse morder a mesa inteira. Estava sentado, mas suas pernas continuavam a se movimentar.

— Vou nadar — dizia a minha mãe à saída de casa. Mas não era verdade. Não ia nadar na piscina. Papai ia dar socos na água.

Três dias antes do Natal, verificou-se uma complicação ulterior: os médicos tinham achado líquido no peritônio de tio Beppe.

— É grave, papai?

— Sim.

Papai me olhou como eu devia tê-lo olhado anos e anos antes, quando nos encontrávamos no coração espesso de Natura.

— Vamos visitar o tio Beppe juntos?

— Sim, papai, claro que vamos.
— Amanhã?
— Partimos às seis, eu dirijo.
— Obrigado.
— Não me agradeça, estou feliz por irmos juntos encontrar o tio Beppe.

Durante a viagem falamos dos retratos de Avedon, das fotos da Sicília de Capa, dos cães na neve de Koudelka. Mantivemos a morte fora do carro.

Na balsa, subimos para a parte dos passageiros.
— É sempre linda a travessia.
O vento do estreito me desarrumava os cabelos.
— Sim, é muito linda.

Durante todo o tempo, papai olhou para a Sicília que deixávamos para trás.

Era a antecipação de um afastamento.

Na última visita feita a Reggio, eu tinha levado para o tio uma cópia destas minhas notas, impressas e encadernadas. Paravam em 3 de outubro, com o nado meu e de meu pai em Cala Pisana.
— Olha aí, Beppuzzo, me apressei, já escrevi.
— Como se chama?
— *Notas para um naufrágio.*
— Então é verdade que aí dentro eu também estou?
— Sim.

— E meu irmão também?
— Posso ler?
— Trouxe para isso.

Começou logo, embora estivesse cansado porque não conseguia mais dormir à noite. Levou dois dias. Até virar as páginas lhe cansava. No final, me perguntou: «Não entendi uma coisa. Há tantos náufragos aqui. E eu? Existe um porto para mim?».

Por todo o tempo segurava minhas mãos, acariciando-me com seus dedos finos. Permaneci em silêncio, sem responder, olhando-o, e basta. Não tinha ainda entendido que a resposta estava toda ali, naquelas carícias de nossas mãos.

No hospital, encontramos Silvana.

— Beppe acabou de entrar na sala de cirurgia.

O líquido encontrado no períneo era devido ao linfoma. Tinha linfonodos pelo corpo todo.

Tinham começado a comprimir até os rins.

— Estão lhe inserindo um *stent* na uretra.

A única possibilidade era começar um terceiro ciclo de quimio.

— A quimio do desespero — disse papai.

Pronunciar essas palavras deve ter-lhe feito muito mal.

— Contudo, Beppe está lúcido. Será sua a decisão final.

O tio tinha os tornozelos inchados, as pernas inchadas, a barriga inchada, o estômago inchado, o rosto chupado.

Vi-o na maca, logo que saiu da sala de cirurgia. Estavam levando-o para a hematologia.

— Nos vemos à tarde — eu lhe disse.

O tio me viu, entendeu minhas palavras e me sorriu.

Ele me esperaria.

Teríamos ainda um momento só para nós.

A primeira lembrança de Beppe remonta aos meus dois anos. Mamãe e papai tinham me deixado sozinho com ele por duas horas, nas quais o tio me levou a passeio pelo ventre de Palermo. Meus pais, até aquele momento, me nutriam com alimentos selecionados e delicados. Tio Beppe me fez comer *pane e panelle*.[6] Duas horas com ele anularam todo o controle que tinham com os alimentos. Mamãe e papai ficaram tão atônitos pela sua resposta — «Tudo bem, mas que mal pode fazer *pane e panelle*?» — que acabaram por convertê-la num evangelho.

Desde aquele dia comecei a comer de tudo. Ainda hoje tenho um estômago de ferro. Estou firmemente convencido de que o devo àquele batismo de comida de rua, do qual meu tio foi o padrinho.

---

6   Clássico palermitano da comida de rua, é um sanduíche recheado com uma fritura de grão-de-bico e temperado com gotas de limão. [N. T.]

Afinal, é simples: para mim tio Beppe é o sabor de *pane e panelle*.

Às dezesseis horas o primeiro a entrar na unidade de tratamento foi meu pai. Vestiu o jaleco, pôs o protetor de sapatos e foi ver o irmão. Beppe perguntava sempre por ele, sobretudo à noite, quando a febre e o escuro o impeliam a buscar proteção. Eram próximos os dois irmãos, observavam-se e o encaixe de seus mundos se ajustava à perfeição.

Quando papai saiu, foi ele que me amarrou o jaleco verde às costas.

— Está te esperando, está lúcido.

Parecia ter-se acalmado depois daquele último encontro, e saber que eu estava indo ver seu irmão me pareceu que era, para ele, motivo de ulterior serenidade.

Quando me aproximei da cama, tio Beppe me reconheceu logo.

— Daviduzzo.

Sua voz era um sussurro.

Segurou a minha mão e fez algo que, de verdade, eu não esperava de fato.

Começou a soluçar.

— Não, Beppuzzo, não chore.

Parou de repente. As lágrimas tremiam em seus olhos e suspendeu a respiração. No entanto, mesmo naquele momento, a sua extraordinária capacidade de escutar brilhou ainda uma vez, suspendendo o desabafo, refreando o medo. O tio estava verdadeiramente curioso para me ouvir.

E eu, eu tinha os olhos calmos, calma a respiração, calmo o batimento do coração na caixa torácica.

— Se você estivesse sozinho numa cama de hospital, tio, sem ninguém que viesse te ver, então sim, era justo chorar. Mas viu quanta gente veio visitá-lo? Conheci aqui, na sala de espera, vindos por sua causa, seus colegas e pacientes, seus enfermeiros e seus alunos. E tantos amigos estão perguntando por você, em casa e pelo telefone. Estas são relações verdadeiras, tio. As relações humanas ultrapassam o tempo.

Beppe começou a concordar.

— E depois, estamos nós dois, Beppuzzo. Você e eu. É belíssima a nossa relação, dura desde quando nasci e durará por toda a minha existência. Porque a balança da nossa história pende para o lado do bem, não é mesmo, tio?

Concordava, com seus grandes olhos que me olhavam. Neles vibrava um amor ilimitado. Não havia no mundo olhos tão profundos que pudessem contê-lo.

— Você nunca será uma memória para mim, tio. Nunca será uma lembrança. O tempo acontece no presente. E no presente nossa relação existe sempre. Você está sempre comigo. Na constelação da minha existência, você é uma das estrelas mais luminosas. E as estrelas fazem isto: superam o tempo para nos indicar a rota.

Me acariciava o dorso da mão com o polegar, roçando-me a palma com a ponta dos dedos.

Que mãos gentis você sempre teve, tio.

— Daviduzzo, quero viver alguns anos mais.

— Todos queremos, todos. Mas um, dois, dez anos a mais não mudarão uma vírgula do que construímos juntos.

O tio acenou com um sorriso.

— Então não devemos chorar — sussurrou.

— Há demasiada beleza para chorar — respondi.

E deixou que seu sorriso de menino aflorasse no rosto. Dei-lhe um beijo na testa e saí.

— O que achou? — papai me perguntou. Vibrava.

— Nós nos falamos. Fizemos as pazes com tudo.

Contei-lhe do nosso diálogo e via sua tensão diminuir, as linhas do rosto se distenderem, a respiração se normalizar. O pé parou e seu olhar se tinha apoiado em mim.

— É incrível como se atravessam fases. Primeiro, é o estupor, «Não pode acontecer comigo», depois a negação, «Erraram, não é um tumor», depois é a raiva, depois a depressão, «Mas por que logo comigo?», depois um tipo de tranquilidade e, por último, o que vivi lá dentro, a fase na qual é Beppe que nos consola, nós, que ficamos aqui. Como se, na proximidade da morte, se pudesse advertir algo que em vida não se pode mesmo perceber e que torna quem está para morrer misericordioso em relação a quem permanece nessa parte da vida.

Papai colocou de novo o jaleco e entrou novamente na unidade onde estava seu irmão.

Seu passo agora era diferente.

Não caminhava mais como médico.

Caminhava como irmão mais velho.

A terceira quimio não começou, se trataria de furor terapêutico. Beppe teve alta e foi levado para casa. Vieram visitá-lo de toda a Itália colegas e médicos que tinha formado, amigos e parentes. Meu tio me pedia todas as vezes para ajudá-lo a sentar-se na cadeira, para receber assim, sentado, todas as visitas.

Eu tinha um pesar, o de não ter nadado com o tio no mar da ilha.

Li para ele estas notas que tomei.

Lampedusa, de *lepas*, o escolho que esfola, erodido pela fúria dos elementos, que resiste e confirma uma presença, mesmo solitária, na desmedida vastidão do mar aberto. Ou então, Lampedusa, de *lampas*, a chama que brilha no escuro, luz que derrota a treva.

— O que acha? Devo acrescentar ao romance, tio?

— Sim coloque no final. É bonito concluir com a luz e a resistência.

Morreu em sua cama no fim de dezembro.
Pediu a todos que não chorassem.
— Só agora que ele morreu me dou conta de quão belas eram as mãos de meu irmão — papai me confessou.

A primeira noite sem o tio transcorreu tranquila.
O sol não tinha ainda surgido quando fui para a sacada.
Em frente, a Sicília acabava de emergir da contemplação da noite, como o dia anterior, até o fim dos dias.
Percebia-se a aurora.
Vacilava ainda, o mar a retinha.
Apoiei-me na balaustrada e esperei seus raios sobre meu corpo.

DAS ANDERE

1   Kurt Wolff *Memórias de um editor*
2   Tomas Tranströmer *Mares do leste*
3   Alberto Manguel *Com Borges*
4   Jerzy Ficowski *A leitura das cinzas*
5   Paul Valéry *Lições de poética*
6   Joseph Czapski *Proust contra a degradação*
7   Joseph Brodsky *A musa em exílio*
8   Abbas Kiarostami *Nuvens de algodão*
9   Zbigniew Herbert *Um bárbaro no jardim*
10   Wisława Szymborska *Riminhas para crianças grandes*
11   Teresa Cremisi *A triunfante*
12   Ocean Vuong *Céu noturno crivado de balas*
13   Multatuli *Max Havelaar*
14   Etty Hillesum *Uma vida interrompida*
15   W. L. Tochman *Hoje vamos desenhar a morte*
16   Morten R. Strøksnes *O livro do mar*
17   Joseph Brodsky *Poemas de Natal*
18   Anna Bikont e Joanna Szczęsna *Quinquilharias e recordações*
19   Roberto Calasso *A marca do editor*
20   Didier Eribon *Retorno a Reims*
21   Goliarda Sapienza *Ancestral*
22   Rossana Campo *Onde você vai encontrar um outro pai como o meu*
23   Ilaria Gaspari *Lições de felicidade*
24   Elisa Shua Dusapin *Inverno em Sokcho*
25   Erika Fatland *Sovietistão*
26   Danilo Kiš *Homo Poeticus*
27   Yasmina Reza *O deus da carnificina*
28   **Davide Enia *Notas para um naufrágio***

Composto em Lyon Text e GT Walsheim
Impresso pela gráfica Formato
Belo Horizonte, 2021